Paul-Jacques Lehmann

BOURSE ET MARCHÉS FINANCIERS

DUNOD

ISBN 2 00 006420 7

Sommaire

Chapitre 3
Le contrôle de la cotation en bourse

Chapitre 4
La couverture de la cotation en bourse

Avant-propos

Dès que les activités de production se développent dans un pays, l'utilisation de la monnaie devient indispensable pour résoudre les inconvénients engendrés par les décalages, à court terme et à long terme, entre la perception des recettes et le paiement des dépenses, donc pour faire face aux difficultés de financement. Globalement, dans un pays, certains agents (les ménages) dégagent une capacité de financement tandis que les autres (les entreprises et l'État) supportent un besoin de financement, les pays étrangers assurant l'équilibre, soit en recevant le solde excédentaire soit en comblant le déficit net. La détention de monnaie (la « thésaurisation ») facilite le transfert de la capacité de financement au besoin de financement et assure la transformation, c'est-à-dire la compatibilité entre la volonté d'épargner à court terme des agents à capacité de financement et la volonté d'investir à long terme des agents à besoin de financement.

Mais la détention de monnaie ne fournit aucun revenu. Aussi une partie de la thésaurisation est-elle transformée en épargne, c'est-à-dire utilisée pour acquérir des titres financiers qui fournissent une rémunération. Les titres constituent la preuve juridique du placement. Créés (« émis ») par les agents à besoin de financement, ils sont remis aux agents à capacité de financement en contrepartie des fonds apportés.

Dans les économies dans lesquelles les relations financières sont peu développées, les agents à capacité de financement achètent directement les titres aux agents à besoin de financement. Ce financement direct de gré à gré présente de nombreux inconvénients. En particulier, les titres ne sont pas facilement cessibles (« négociables ») avant leur échéance. Ainsi, l'agent à besoin de financement rencontre des difficultés pour rembourser sa dette par anticipation et l'agent à capacité de financement rencontre des difficultés pour vendre son titre et récupérer ses fonds avant l'échéance fixée.

Le financement direct de gré à gré est donc, rapidement, remplacé par un financement indirect assuré par des organismes (les banques) qui servent d'intermédiaires entre la collecte et l'utilisation de l'épargne.

Lorsque les appels de fonds de certaines entreprises ou de l'État deviennent tellement importants que les disponibilités des intermédiaires sont insuffisantes pour y répondre, le financement direct réapparaît, sur des marchés de capitaux, tant à court terme (« marchés monétaires ») qu'à long terme (« marchés financiers »). Ce financement, réalisé sur des marchés primaires, présente les avantages de pouvoir être effectué sur une plus grande échelle et à un coût moindre en raison de la concurrence qui s'y exerce. De plus, les titres émis sont négociables sur des marchés secondaires (les « marchés boursiers »), ce qui facilite leur évaluation et leur cession.

Cependant, le développement des marchés secondaires conduit à une grande volatilité (c'est-à-dire de larges fluctuations) des prix des titres cotés. Des marchés spéciaux (les marchés dérivés) sont alors créés afin que les agents économiques puissent réaliser des opérations leur permettant de limiter les risques encourus par cette volatilité.

Cet ouvrage est consacré aux seuls marchés à long terme, les marchés financiers, sur lesquels sont émis et circulent des titres dont la durée de vie à l'origine est de plus de deux ans. En s'intéressant essentiellement à l'exemple français, le *premier chapitre* est consacré aux titres cotés en bourse, le *deuxième chapitre* traite de la cotation en bourse, le *troisième chapitre* explique le contrôle de la cotation en bourse et le *quatrième chapitre* envisage les marchés dérivés.

Chapitre 1

Les titres cotés en bourse

Si une entreprise ou une collectivité publique a un besoin de financement à plus de deux ans (donc avec l'objectif de réaliser un investissement), elle peut s'adresser à des intermédiaires ou faire appel à l'épargne publique, directement sur des marchés financiers primaires. Dans ce dernier cas sont émis des titres à long terme de montant unitaire suffisamment faible pour pouvoir être souscrits par un très grand nombre d'épargnants, chaque catégorie conférant à ses détenteurs des droits identiques. Lorsque ces titres financiers sont susceptibles d'être cotés et négociés en bourse, on les appelle valeurs mobilières.

Traditionnellement, la classification des titres à long terme repose sur deux critères complémentaires envisagés du point de vue de l'apporteur de fonds : un critère juridique tenant à la nature des titres et un critère financier tenant à leur rémunération. C'est ainsi que l'on distingue les titres de propriété (ou « titres de capital », essentiellement les actions) qui procurent un revenu variable et les titres de créances (essentiellement les obligations) qui procurent un revenu fixe.

Ces différences sont moins pertinentes depuis l'apparition de nouvelles catégories de titres de capital proches des actions, chargées de privilégier certains apporteurs de fonds amenés, en contrepartie, à assurer la pérennité des dirigeants en place. Quant aux obligations, elles présentent des caractéristiques de plus en plus sophistiquées.

Ainsi, après avoir présenté les actions (section I), nous envisagerons les nouveaux titres de capital (section II) avant d'étudier les différentes sortes d'obligations (section III).

I. LES ACTIONS

Quand une entreprise est créée ou cherche à se développer, elle a besoin de trouver des fonds à long terme. L'une des solutions est de faire appel à ses propriétaires, c'est-à-dire, dans le cas particulier d'une société, aux associés, appelés actionnaires dans les sociétés de capitaux. Le montant de l'apport initial de fonds constitue son capital social qui est augmenté lorsque des apports complémentaires sont appelés.

Les titres qui entrent dans le capital social et qui sont représentatifs du droit de propriété sur la société se divisent en :

– parts sociales, s'ils ne sont négociables qu'avec l'assentiment des co-associés, dans les sociétés de personnes comme les sociétés en nom collectif – SNC et les sociétés de type intermédiaire comme les sociétés à responsabilité limitée – SARL ;

– actions, aujourd'hui dématérialisées, s'ils sont librement négociables, dans les sociétés de capitaux, c'est-à-dire les sociétés anonymes – SA et les sociétés en commandite par actions – SCA.

La valeur nominale d'une action, sans seuil minimum depuis qu'elle est exprimée en euros, représente le montant unitaire d'un apport et correspond à la responsabilité pécuniaire maximum qu'un actionnaire engage.

> **Définition :** Le capital social d'une société de capitaux est égal au nombre d'actions multiplié par leur valeur nominale.

Pour pouvoir faire appel à l'épargne publique, une société anonyme doit avoir un capital minimum de 228 673,53 euros.

Cet ouvrage ayant pour objet les marchés, nous n'envisagerons que les actions, mais, en dehors du droit de libre cession (sauf clauses de préemption ou d'agrément prévues dans les statuts), leurs quatre autres droits s'appliquent aussi aux parts sociales : le droit de vote, le droit pécuniaire aux dividendes, le droit préférentiel de souscription, le droit au bonus de liquidation.

1. Le droit de vote

Le principe d'égalité de tous les actionnaires signifie qu'à chaque action est attaché un droit de vote exerçable lors des assemblées générales. Ce droit implique le droit à l'information sur la société, en particulier sur ses comptes, car on ne peut exprimer son avis sur une situation que si l'on en connaît toutes les facettes.

Certaines actions, détenues par le même actionnaire depuis au moins deux ans, peuvent bénéficier d'un droit de vote plural, le plus souvent double, si les statuts de la société le prévoient pour des titres ayant la forme nominative et non au porteur.

> **Définition :** Un titre nominatif est un titre inscrit au nom de son détenteur dans les livres de la société ou d'un intermédiaire financier habilité, désigné par la société.

Le droit de vote plural constitue l'un des moyens à la disposition des dirigeants pour fidéliser leur actionnariat et s'assurer d'une majorité sûre.

2. Le droit pécuniaire aux dividendes

Le bénéfice annuel d'une société est la propriété de ses actionnaires. Une partie leur est distribuée immédiatement sous forme de dividendes, l'autre est conservée dans l'entreprise (mise en réserves). Chaque année, dans les six mois de la clôture des comptes, l'assemblée générale ordinaire décide du montant des dividendes qui se divisent en deux parties :

– le premier dividende, fixé dans les statuts et égal à un pourcentage de la valeur nominale des actions ;

– le super dividende, librement déterminé chaque année en fonction des sommes distribuables (égales à la somme du bénéfice de l'année précédente et des réserves distribuables provenant des bénéfices non distribués des années précédentes) et d'un arbitrage entre la volonté de satisfaire la demande des actionnaires et les besoins monétaires de la société.

Toutes les actions ont droit au même dividende annuel. La seule exception concerne les actions auxquelles une assemblée générale extraordinaire peut attribuer un dividende majoré, au maximum de 10 %, si elles sont détenues depuis plus de deux ans sous la forme nominative.

Les dividendes peuvent faire l'objet d'acomptes (si le bénéfice de l'année antérieure est au moins égal au montant des acomptes) et sont normalement versés, dans un délai maximum de 9 mois après la clôture des comptes, en numéraire. Pour éviter de puiser dans sa trésorerie, la société peut proposer de distribuer ses dividendes sous forme d'actions si les statuts le prévoient. Les actionnaires ne sont pas obligés d'accepter cette offre. Pour ceux qui acceptent, la société procède à une augmentation de capital par création d'actions gratuites. Les actionnaires ne sont pas alors imposés sur le revenu, mais seront imposables sur la plus-value réalisée au moment de la cession des actions obtenues.

3. Le droit préférentiel de souscription

Ce droit est exercé quand il y a une augmentation de capital. Celle-ci se concrétise soit par l'émission de nouvelles actions (ce que nous privilégierons dans la suite de l'analyse), soit par la hausse de la valeur nominale des actions existantes, ce qui implique que la valeur nominale d'une action n'est pas immuable. Elle peut, d'ailleurs, être également réduite dans deux hypothèses :

– en cas d'augmentation proportionnelle du nombre d'actions, laissant inchangé le capital social. Cette opération, appelée *split* rend le titre plus accessible sur le marché boursier puisque son cours baisse dans les mêmes proportions que la valeur nominale ;

– en cas de diminution du capital soit, exceptionnellement, parce que les besoins de la société ne nécessitent pas le montant d'apports prévu, soit, plus fréquemment, pour apurer des pertes. Dans ce dernier cas qui peut également se traduire par une diminution du nombre d'actions, la société réalise souvent un « coup d'accordéon » en procédant à une augmentation simultanée du capital afin de repartir sur des bases saines.

La réduction du capital ne doit pas être confondue avec le rachat d'actions, limité à 10 % du capital social et autorisé par une décision de l'assemblée générale pour une période maximum de dix-huit mois. Le rachat est effectué dans trois cas :

– pour réduire le capital social à condition que cette décision ne soit pas motivée par un apurement des pertes ;

– pour soutenir le cours des actions, les titres rachetés perdant leur droit de vote qui réapparaît lorsque les actions sont réintroduites sur le marché ;

– pour les attribuer à des salariés dans le cadre de la « participation aux fruits de l'entreprise » ou d'un plan d'options d'actions (*stock-options*).

L'augmentation de capital, réputée réussie si au moins les trois-quarts des actions proposées ont été souscrites, est réalisée immédiatement ou est différée dans le temps. Elle peut prendre quatre formes qui conduisent au même calcul et aux mêmes modalités d'exercice du droit préférentiel.

- **Augmentation de capital immédiate ou différée dans le temps**

Décidée par une assemblée générale extraordinaire puisqu'il s'agit d'une modification des statuts, l'augmentation de capital est, le plus souvent, mise en œuvre dans les jours qui suivent son adoption. Mais, il arrive que la décision soit seulement préventive dans l'attente d'une situation plus propice sur le marché ou pour décourager des tentatives d'achat par d'autres sociétés. Dans ce dernier cas, on dit qu'une « pilule empoisonnée » a été introduite dans les statuts : l'augmentation de capital ne devient effective, dans un délai maximum de cinq ans, que si une attaque est lancée, obligeant l'assaillant à acquérir plus de titres, donc à payer plus cher l'achat de la société.

- **Formes des augmentations de capital**

L'augmentation de capital en numéraire

En échange d'apports de fonds, la société émet de nouvelles actions.

L'augmentation de capital par incorporation de réserves

Les réserves, provenant des bénéfices passés non distribués sous forme de dividendes, sont intégrées au capital social. Les actionnaires reçoivent gratuitement de nouvelles actions. Pour la société, il s'agit d'une opération comptable qui n'est à l'origine d'aucune entrée de fonds.

L'augmentation de capital en nature

Si dans les petites sociétés, cette situation provient de l'apport d'une immobilisation (terrain, immeuble, machine, etc.) par un actionnaire, elle s'explique, de plus en plus, dans les sociétés cotées, par la pratique de l'offre publique d'échange (OPE) : une société A propose aux actionnaires d'une société B de leur racheter leurs actions en échange de ses propres actions. Tout le patrimoine (actif et passif) de la société B est repris par la société A qui le paie par une augmentation de capital, les nouvelles actions émises étant réservées aux actionnaires de B.

L'augmentation de capital par consolidation de dettes

Quand elle a des difficultés de trésorerie, une société peut proposer à l'un ou plusieurs de ses créanciers de convertir sa ou ses dettes en capital social, en lui ou leur remettant de nouvelles actions. Comme dans le cas d'une incorporation de réserves, la société ne reçoit aucune ressource monétaire nouvelle.

- **Calcul du droit préférentiel de souscription**

L'existence du droit préférentiel de souscription s'explique par le fait que si la valeur nominale est identique pour toutes les actions, quelle que soit la date de leur émission, leur valeur effective (« valeur mathématique » ou valeur boursière si la société est cotée) évolue puisqu'elle est égale à la valeur effective de la société divisée par le nombre d'actions. Lors d'une augmentation de capital, la valeur mathématique de chaque action diminue puisque le nombre total de titres s'accroît sans que la valeur effective de l'entreprise augmente dans les mêmes proportions. Les actionnaires en place avant l'augmentation de capital sont donc lésés. Pour pallier cet inconvénient, ils bénéficient d'un droit préférentiel de souscription.

Définition : Le droit préférentiel de souscription est égal à la différence entre la valeur mathématique d'une action avant l'augmentation de capital et sa valeur mathématique après.

Exemple : Une société a un capital social de 1 million d'euros, composé de 100 000 actions de 10 euros. Sa valeur effective est estimée à 1,5 million d'euros. La valeur mathématique de chaque action est donc de 15 euros. Cette société décide d'augmenter son capital en créant 100 000 nouvelles actions. Comme la valeur nominale des nouvelles actions est obligatoirement, comme les anciennes, de 10 euros, le capital social augmente de 1 million d'euros. La valeur effective de la société passe donc à 2,5 millions d'euros et celle de chacune des 200 000 actions à 12,5 euros. Ainsi, le droit préférentiel de souscription vaut 15 euros − 12,5 euros = 2,5 euros.

Il est possible de généraliser le calcul précédent si l'on appelle :

– C la valeur des actions avant l'augmentation de capital = 15 ;

– E la valeur d'émission des nouvelles actions (valeur nominale) = 10 ;

– N le nombre d'actions avant l'augmentation de capital = 100 000 ;

– n le nombre d'actions créées lors de l'augmentation de capital = 100 000 ;

– d la valeur du droit préférentiel de souscription.

La valeur de l'action après l'augmentation de capital sera de :

$$\frac{CN + En}{N + n}$$

Le droit préférentiel de souscription aura une valeur de :

$$d = C - \frac{CN + En}{N + n} = \frac{CN + Cn - CN - En}{N + n} =$$

$$(C - E)\left(\frac{n}{N + n}\right) = (15 - 10)\left(\frac{100\,000}{100\,000 + 100\,000}\right)$$

d'où d = 2,5 euros.

Dans le cas d'une augmentation par incorporation de réserves, le droit préférentiel est appelé d'attribution et est égal à :

$$C \times \frac{n}{N + n}$$

- **Exercice du droit préférentiel de souscription**

Sauf dans le cas où les actionnaires renoncent, au cours de l'assemblée générale extraordinaire qui vote l'augmentation de capital, au droit préférentiel de souscription, celui-ci est utilisable de deux manières différentes :

– il peut être exercé, pendant une durée minimum de 20 jours, par tout ancien actionnaire qui souscrit alors à de nouvelles actions proportionnellement à sa détention d'anciennes, chaque nouvelle action étant payée à sa nouvelle valeur mathématique ;

> **Exemple :** Dans la société précédente, comme le rapport (la « parité ») entre les anciennes et les nouvelles actions est de 100 000 pour 100 000, soit 1 pour 1, un actionnaire qui détient 5 actions, possède 5 DPS lui donnant le droit de souscrire à 5 nouvelles actions qu'il va payer 12,5 euros chacune.

– il peut être vendu à un nouvel actionnaire, ce qui permet à l'ancien actionnaire d'être dédommagé en numéraire de la perte effective de valeur de son titre.

> **Exemple :** Dans la société précédente, l'actionnaire détenant 5 actions peut utiliser 3 DPS pour acheter 3 actions qu'il paiera 12,5 euros chacune et vendre les 2 DPS qui lui restent 2,5 euros chacun.

Tout nouvel actionnaire paiera chaque action à l'ancienne valeur mathématique : le droit de souscription à un ancien actionnaire, la valeur nominale et la prime d'émission (différence entre la valeur mathématique après l'augmentation de capital et la valeur nominale) à la société.

> **Exemple :** Dans la société précédente, un nouvel actionnaire souscrivant à 10 actions les paiera 12,5 euros chacune à la société (10 euros de valeur nominale et 2,5 euros de prime d'émission), après avoir acquis, auprès d'anciens actionnaires, 10 DPS à 2,5 euros chacun.

Si la société est cotée en bourse, ses droits de souscription ou d'attribution le sont aussi et les calculs précédents ne sont que théoriques : leur valeur sur le marché est, alors, fonction de l'offre et de la demande.

4. Le droit au bonus de liquidation

Lorsque la société est liquidée, les actionnaires reçoivent la part qui revient à chaque titre une fois l'actif réalisé et les dettes payées. Si cette part est supérieure à l'apport initial, la valeur nominale, il bénéficie d'un bonus de liquidation ; si elle est inférieure, il supporte un malus de liquidation.

Il arrive que la valeur nominale des actions soit remboursée, totalement ou partiellement, par anticipation, avant la liquidation de la société, par prélèvement sur les réserves ou les bénéfices. On dit que le capital social est amorti. Les actions, alors appelées « de jouissance », conservent tous les autres droits, sauf le premier dividende. Cette pratique est peu utilisée car elle nécessite une importante trésorerie pour la société et entraîne le paiement de l'impôt sur le revenu par les actionnaires.

II. LES NOUVEAUX TITRES DE CAPITAL

L'une des conséquences du développement des marchés financiers, processus de « marchéisation », a été l'émergence en France de valeurs mobilières très proches des actions et dont la valeur nominale totale est intégrée au capital social, soit dès l'émission, soit à l'occasion de la transformation en actions. Ces titres donnent lieu à une cotation en bourse spécifique et conduisent à la formation de catégories (« masses ») particulières d'apporteurs de fonds, chacune disposant de sa propre assemblée générale.

1. Les titres de capital dès leur création

La création de ces valeurs mobilières répond à un double objectif :

– permettre aux dirigeants actuels de financer les besoins à long terme de la société sans risque d'en perdre le contrôle puisqu'elles présentent la caractéristique de ne pas fournir de droit de vote, donc de ne pas modifier la structure du pouvoir ;

– constituer des armes anti-offres publiques.

Leur existence explique pourquoi le pourcentage d'actions détenues ne correspond pas nécessairement au pourcentage des droits de vote détenus.

- **Les actions à dividende prioritaire sans droit de vote (ADPSDV)**

Ces actions bénéficient d'un dividende privilégié, au minimum égal au premier dividende et à 7,5 % de leur montant nominal, en contrepartie de l'absence de droit de vote. Ne pouvant être détenues par les dirigeants de la société, elles sont limitées au quart du capital social. Les deux inconvénients majeurs des ADPSDV sont leur décote par rapport aux actions « normales » et le rétablissement du droit de vote si, pendant trois exercices consécutifs, le dividende prioritaire n'a pas été versé, donc si la société a subi des pertes. Cette réintégration est l'une des raisons pour lesquelles de moins en moins d'ADPSDV sont émises car elle intervient au plus mauvais moment pour les dirigeants en place.

- **Les certificats d'investissement (CI)**

Ne pouvant pas, non plus, représenter plus du quart du capital social de la société, ces valeurs mobilières sont le résultat du démembrement d'une action en deux titres :

– le certificat d'investissement proprement dit qui bénéficie de tous les droits d'une action, sauf le droit de vote, et qui est placé dans le public. Certains certificats d'investissement bénéficient d'un dividende privilégié (CIP). Dans le secteur coopératif, ces titres sont appelés certificats coopératifs d'investissement ;

– le certificat de droit de vote (CDV), nécessairement nominatif, qui ne bénéficie que de ce droit et qui est attribué à des actionnaires réputés « sûrs ».

Ces titres sont très utilisés dans les sociétés nationalisées, les épargnants détenant les certificats d'investissement et l'État se réservant les certificats de droit de vote. Lors d'une privatisation, ces derniers sont proposés, pour un prix faible, aux propriétaires de certificats d'investissement correspondants. En cas d'acceptation, on assiste au remembrement des actions.

2. Les titres de créances transformables en titres de capital

Quand la réussite d'une augmentation de capital est incertaine en raison de tensions sur les marchés financiers ou d'une mauvaise situation conjoncturelle pour la société, ou se révèle insuffisante pour se prémunir contre une tentative future de rachat, la société peut émettre des titres de créances susceptibles d'être transformés, plus tard, en titres de capital, à l'occasion d'une augmentation de capital prévue dès leur lancement.

• Les obligations remboursables en actions (ORA)

Comme leur nom l'indique, ces obligations ne sont pas remboursées en espèces, mais en actions (ou en certificats d'investissement – ORCI), ce qui permet de ne pas entamer la trésorerie de la société.

• Les obligations convertibles (OC)

Elles présentent toutes les caractéristiques des obligations, plus la possibilité dont toutes les conditions sont fixées dans le contrat d'émission, si leurs détenteurs le souhaitent, d'être converties en un certain nombre d'actions (en fonction de la parité fixée) pendant une certaine période (la « période d'exercice ») ou à tout moment, en versant une certaine somme (le « prix d'exercice »). En contrepartie de cet avantage, leur rémunération est légèrement inférieure à celle des obligations « classiques ». L'émission d'obligations convertibles est soumise au vote de l'assemblée générale des actionnaires qui doit prévoir l'augmentation de capital et décide de l'abandon, pour des raisons de simplicité, du droit préférentiel de souscription pour les actionnaires en place.

Pour les épargnants, il s'agit de valeurs mobilières sans risque car, en cas de non exercice, elles sont remboursées.

> **Exemple** : Des obligations émises à 10 euros sont convertibles en actions à un prix d'exercice de 6 euros. Elles seront transformées si, pendant la période d'exercice, l'action est cotée plus de 16 euros (10 + 6).

Une catégorie particulière d'obligations convertibles est représentée par les *reverse convertibles* qui proposent un taux d'intérêt très élevé, en contrepartie d'un remboursement qui n'est pas garanti à l'échéance.

- **Les obligations échangeables**

Les obligations échangeables en actions se différencient des obligations convertibles par le fait que les actions susceptibles d'être souscrites doivent être créées dès l'émission de l'emprunt et être détenues par un tiers, en général une banque. Cette procédure, très coûteuse pour les sociétés émettrices, est peu utilisée.

- **Les bons de souscription d'actions (BSA)**

Il s'agit de titres convertibles en actions à émettre (également en actions à dividende prioritaire BSADP ou en certificats d'investissement BSCI), selon une certaine parité, pendant une période d'exercice, à un prix d'exercice en général invariable. Ils sont émis soit de manière indépendante (« bons autonomes ») soit à l'occasion de l'émission d'autres titres (« bons attachés », par exemple à des obligations OBSA ou à des actions ABSA, mais l'émission de bons attachés à des actions pour obtenir des obligations ABSO est interdite).

À la différence des obligations convertibles, les BSA ne sont pas rémunérés et ont une valeur nulle à l'échéance s'ils n'ont pas été exercés, sauf les bons de souscription d'action à faculté de rachat BSAR, remboursables à l'échéance. Dans le cas de bons attachés, l'émetteur bénéficie d'un financement immédiat sous forme d'endettement ou de capitaux propres et d'un financement futur sous forme d'une augmentation de capital.

Cotés sur le marché, les bons de souscription attachés ont une vie indépendante des titres à l'origine de leur émission : par exemple, dans le cas d'OBSA, le détenteur peut conserver le bon et l'obligation, vendre l'un d'entre eux ou les deux.

Il est possible de présenter, à l'occasion de la description des bons de souscription d'actions, l'effet de levier.

> **Définition** : Lors de la cession de deux titres, l'effet de levier correspond à un résultat identique en valeur absolue, mais différent en valeur relative.

Exemple : Un bon de souscription d'action donné gratuitement par une société peut être converti en une action au prix d'exercice de 10 euros. Si l'action vaut 15 euros, le prix théorique du bon est de 5 euros. Si le prix de l'action passe à 30 euros, le prix théorique du bon passe à 20 euros. Le gain est de 15 euros à la fois pour l'action et pour le bon, mais s'il représente 100 % pour l'action, il représente 300 % pour le bon : l'effet de levier est de trois.

Cet effet de levier s'exerce aussi bien à la hausse qu'à la baisse et explique également pourquoi toutes les opérations réalisées sur les marchés de produits dérivés, en particulier d'options et de *warrants*, sont très spéculatives.

III. LES OBLIGATIONS

Le financement par endettement à long terme peut prendre la forme d'un emprunt réalisé auprès d'établissements de crédit ou par émission sur le marché de valeurs mobilières qui donnent un droit de créances : les obligations. Toutes les obligations de mêmes caractéristiques forment un emprunt obligataire dont les porteurs constituent une masse ayant la personnalité morale et prennent leurs décisions dans une assemblée générale qui leur est réservée. L'émission d'obligations est réalisée par :

– des sociétés par actions, publiques ou privées, ayant au moins deux ans d'existence et autorisées à faire appel à l'épargne publique, par souscription réservée ou ouverte, de façon individuelle ou groupée ;

– l'État ;

– des collectivités locales.

Les obligations présentent quatre caractéristiques essentielles, toutes fixées dans le contrat d'émission : des valeurs, une rémunération, des méthodes d'émission, des méthodes de remboursement.

1. Les valeurs des obligations

• La valeur nominale ou faciale

Elle correspond à la valeur qui était inscrite sur les obligations lorsque celles-ci existaient concrètement avant d'être dématérialisées sous la forme d'une inscription dans un compte. La seule fonction de la valeur nominale est de fournir le montant de l'intérêt annuel (le « coupon »), une fois qu'on lui a appliqué le taux nominal. Il n'existe plus de valeur nominale minimum.

• La valeur d'émission

Elle correspond à la somme d'argent apportée par le prêteur à l'emprunteur lors de l'émission des obligations. Afin de faciliter le placement de ses titres, l'émetteur fixe la plupart du temps une valeur d'émission inférieure à la valeur nominale (émission « au-dessous du pair ») : la différence s'appelle la prime d'émission.

• La valeur de remboursement

Elle correspond à la somme qui est versée aux obligataires lors du remboursement (« amortissement ») de son titre. Jusque dans les années soixante-dix, les émetteurs prévoyaient souvent une valeur de remboursement supérieure à la valeur nominale (« au-dessus du pair »), la différence constituant la prime de remboursement. Désormais, ils ne fixent plus de valeur de remboursement car ils remboursent les titres à leur valeur nominale ou les rachètent en bourse quelque temps avant l'échéance, à leur valeur de marché.

L'autorisation d'indexer la valeur des obligations avait été limitée en 1959 : un émetteur n'avait plus le droit de faire évoluer la valeur de remboursement et, parfois, des intérêts, qu'en fonction d'un indice représentatif de son activité (par exemple le prix de l'électricité pour EDF), et non sur un indice reflétant la hausse générale des prix. Depuis 1998, l'indexation sur l'inflation est, à nouveau, autorisée, en raison de la modération de la hausse des prix. Cette possibilité, mise en œuvre par l'État avec ses obligations assimilables du Trésor indexées sur l'inflation (OATi), est élargie, depuis 2001, à l'indexation sur la hausse des prix européenne ICPH (OATei).

• La valeur de marché

Le cours des obligations est fixé en pourcentage de la valeur nominale (ce qui permet de comparer plus facilement des obligations de montant nominal différent et a facilité le passage de la cotation des obligations en euros) et au pied du coupon, c'est-à-dire sans le coupon couru.

> **Définition :** Le coupon couru est le montant des intérêts depuis le paiement (« détachement ») du dernier coupon jusqu'à la date de la cession.

2. La rémunération des obligations

Les obligations sont rémunérées par un intérêt versé quel que soit le résultat annuel dégagé par l'émetteur : même si celui-ci est en perte, les intérêts des emprunts sont dus.

Certaines obligations ne fournissent aucune rémunération apparente. Il en est ainsi des obligations à coupon zéro qui sont proposées à une faible valeur d'émission, la prime d'émission correspondant à la somme des intérêts normalement dus tout au long de la vie des obligations, mais non versés. Cette procédure présente deux avantages :

– financier. L'obligataire est assuré de recevoir à l'échéance une somme beaucoup plus importante que la mise de fonds initiale ;

– fiscal. L'obligataire, ne recevant aucun intérêt, n'est pas imposé sur le revenu. Il n'est redevable que de l'impôt sur la plus-value réalisée. Or, le taux proportionnel de l'impôt sur les plus-values est parfois inférieur au taux progressif de l'impôt sur le revenu. Afin de limiter l'évasion fiscale, l'État réglemente strictement ce type d'obligations : un intérêt fictif est imposé chaque année.

Il existe également des obligations à coupon unique, les intérêts étant payés en une seule fois, à l'échéance.

Les obligations « classiques » présentent quatre taux d'intérêt différents : le taux nominal ou facial, le taux réel, le taux de rendement réel, le taux actuariel.

• Le taux nominal ou facial

Appliqué à la valeur nominale de l'obligation, il donne le coupon annuel. Le taux d'intérêt nominal est :

– fixe si le même taux d'intérêt est appliqué pendant toute la durée de vie de l'emprunt ;

> **Exemple** : Une obligation de valeur nominale 1 000 euros est émise à un taux nominal de 6 %. Elle fournit un coupon annuel de 1 000 × 6 % = 60 euros.

– variable ou révisable si le taux d'intérêt est modifié régulièrement, le plus souvent à chaque détachement de coupon, en fonction d'un taux de référence, choisi par l'émetteur et calculé soit en moyenne (taux variable), soit à échéance fixe (taux révisable).

L'indice retenu, auquel peut-être ajoutée ou retranchée une marge et qui ne peut descendre, le plus souvent, en dessous d'un certain seuil, est soit un taux du marché monétaire TMM (plus particulièrement le taux au jour le jour européen EONIA ou le taux à trois mois européen EURIBOR), donc un taux à court terme, soit un taux du marché obligataire TMO (plus particulièrement le taux hebdomadaire des emprunts d'État à long terme THE), donc un taux à long terme.

Certains emprunts combinent taux fixe et taux variable, par exemple quand ils proposent des obligations émises en deux tranches, l'une à taux fixe, l'autre à taux variable. De même, il existe des obligations à taux fixe échangeables en obligations à taux variable, ou inversement, pendant une période d'exercice.

• Le taux réel

Il est égal au taux d'intérêt nominal moins le taux de variation des prix.

Exemple : Une obligation émise à un taux nominal de 6 % alors que la hausse des prix est de 2 % fournit un taux d'intérêt réel de 6 % – 2 % = 4 %.

• Le taux de rendement réel

Il est égal à l'intérêt reçu par rapport au prix réellement payé par l'obligataire.

Exemple : Une obligation de valeur nominale 1 000 euros, émise à un taux nominal de 6 %, est achetée sur le marché 840 euros. Comme elle fournit un coupon annuel de 60 euros, son taux de rendement réel est de (60 × 100)/840 = 7,14 %.

• Le taux actuariel

C'est le taux effectif, avant impôt, des obligations (coût pour l'emprunteur et rendement pour le prêteur). Il est calculé :

– à l'émission. Il tient compte de l'ensemble des éléments à la base de la rentabilité réelle des obligations (par exemple, pour un obligataire, une prime d'émission et un coupon payé semestriellement plutôt qu'annuellement l'augmentent tandis que le montant des commissions versées le réduit) ;

Exemple : Une obligation de valeur nominale 1 000 euros est émise à un taux nominal de 6 %, le coupon étant versé en deux fois semestriellement. Les intérêts reçus sont donc de 30 euros au bout d'un an et de 30 euros au bout de six mois qui peuvent être replacés pendant six mois à 6 % et rapporter 1,80 euro supplémentaire. Les intérêts sont donc effectivement de 61,80 euros au total et le taux actuariel s'élève à (61,80 × 100)/1 000 = 6,18 %.

– à tout moment. Il prend alors en considération le cours de l'obligation qui doit être égal à l'ensemble des flux futurs actualisés à ce taux.

3. Les méthodes d'émission des obligations

• Les émissions à robinet ouvert

L'émetteur ne fixe ni le montant ni la date butoir de l'émission, acceptant de fournir des obligations tant qu'une demande se manifeste. Les obligations assimilables du Trésor réservées aux particuliers sont émises sous cette forme.

• Les émissions syndiquées

L'émetteur s'adresse à un organisme financier, le « chef de file », pour qu'il assure le montage juridique et le placement de ses titres. Le chef de file s'entoure d'autres établissements simples placeurs. L'ensemble de ces établissements forme un « syndicat » qui prend d'une manière ferme les obligations, c'est-à-dire qui assure la bonne fin de l'opération : l'émetteur est certain de recevoir les fonds correspondant au montant total de son emprunt soit parce que les obligations auront été placées auprès du public, soit parce que les membres du syndicat les auront conservées pour eux-mêmes.

Cette dernière éventualité explique pourquoi, entre le lancement et la cotation des obligations sur le marché boursier, apparaît un marché interbancaire téléphonique de reclassement, le « marché gris ». Il permet aux membres du syndicat de vendre, de gré à gré, les obligations qu'ils n'ont pu placer à des organismes non retenus dans le syndicat afin de ne pas supporter des difficultés de trésorerie et d'apprécier l'accueil réservé à l'emprunt avant sa première cotation. Une partie des commissions reçues de l'émetteur est versée à l'acheteur.

L'inconvénient majeur des émissions syndiquées est leur coût : les commissions de direction et de placement sont élevées.

Un exemple particulier d'émissions syndiquées est représenté par les euro-obligations, obligations émises, dans une devise (dollar, euro, livre, yen ou DTS) pour le compte d'un émetteur important (État, société de très grande taille, organisation internationale) simultanément dans plusieurs pays. Cotées essentiellement à Londres ou à Luxembourg, ces euro-obligations présentent souvent des caractéristiques complexes et innovantes en raison des avantages fiscaux dont elles bénéficient.

• Les émissions par adjudication et assimilation

L'adjudication signifie que l'émetteur procède à une sorte de vente aux enchères, réservée à des intermédiaires habilités, de ses obligations. Cette technique permet de réduire le coût du placement car aucune commission n'est versée.

L'assimilation permet de limiter le nombre de lignes d'emprunts. En effet, l'émetteur ne crée pas, lors de chaque adjudication, une nouvelle « souche », mais complète un emprunt déjà existant avec de nouvelles obligations qui bénéficient des mêmes caractéristiques (valeur nominale, échéance, taux d'intérêt nominal avec versement immédiat du coupon couru) que les anciennes. Seule la valeur de souscription s'adapte à l'évolution du taux d'intérêt du marché par rapport au taux nominal.

Les procédures d'adjudication et d'assimilation ont été mises au point par l'État avec les obligations assimilables du Trésor (OAT), désormais émises à une valeur nominale de 1 euro, à taux fixe ou variable, pour des durées allant de 5 à 30 ans. Les organismes financiers habilités à y participer déposent leurs soumissions (en quantité et en prix) sous pli cacheté avant le début de l'adjudication. Le Trésor fixe le taux maximum (donc le prix minimum) au-dessus (au-dessous) duquel il cesse de fournir ses obligations. Chaque soumissionnaire reçoit les obligations au taux qu'il a demandé : l'adjudication est dite « à la hollandaise ». Les organismes financiers conservent les titres pour eux-mêmes, les placent auprès de leurs clients, soit directement à des prix fixés de gré à gré, soit indirectement par l'intermédiaire de leurs organismes de placement collectif en valeurs mobilières (OPCVM).

Le succès des émissions (le premier jeudi de chaque mois) et des négociations sur le marché boursier est assuré par la quinzaine d'établissements financiers agréés, les « spécialistes en valeurs du Trésor » (SVT) qui sont tenus de souscrire aux titres non placés, à un prix privilégié, au moyen d'« offres non compétitives », c'est-à-dire réalisées à des prix inférieurs aux cours de l'adjudication. Les SVT ont le droit de procéder au démembrement (méthode du *stripping*) des OAT qu'ils divisent en « certificats de principal » donnant droit au capital (sorte d'obligations à coupon zéro) et en « certificats de coupon » donnant droit aux intérêts. Ces produits intéressent des investisseurs qui cherchent à garantir leur placement (comme les caisses de retraite ou les compagnies d'assurance).

Le Trésor procède parfois, en fonction de la gestion décidée par l'Agence de la Dette de l'État, à des rachats de ses OAT par le même système d'adjudications, mais réalisées à l'envers.

4. Les méthodes de remboursement des obligations

Les obligations peuvent être remboursées en numéraire de trois manières différentes : *in fine*, par tranche, au gré de l'émetteur ou de l'obligataire. La méthode de remboursement est prévue dans le contrat d'émission. Il n'existe plus de durée minimale ou maximale pour un emprunt obligataire (la durée la plus longue est actuellement de 30 ans pour certaines OAT).

• **Le remboursement *in fine***

Toutes les obligations sont amorties en une fois, à l'échéance. Si cette méthode est simple, elle oblige l'émetteur à disposer d'une trésorerie importante au moment du remboursement et à payer sur toute la durée de l'emprunt des intérêts sur la totalité des obligations.

Définition : L'annuité est égale à la somme du remboursement et des intérêts annuels.

Exemple : Un emprunt de 100 000 obligations de valeur nominale 1 000 euros est émis à 6 % sur une durée de 5 ans. Avec un remboursement *in fine*, le tableau d'amortissement est le suivant :

Années	*Amortissement*	*Intérêt*	*Annuité*
1	0	6 000 000	6 000 000
2	0	6 000 000	6 000 000
3	0	6 000 000	6 000 000
4	0	6 000 000	6 000 000
5	100 000 000	6 000 000	106 000 000
TOTAL	100 000 000	30 000 000	

• **Le remboursement par amortissement**

Chaque année, un certain nombre d'obligations, tirées au sort, est remboursé. Deux méthodes sont utilisées :

– le remboursement annuel d'un nombre constant d'obligations, ce qui réduit le montant des intérêts, après une éventuelle période de différé ;

Exemple : L'emprunt précédent est remboursé chaque année par tranche annuelle de 20 000 000 euros. Le tableau d'amortissement est le suivant :

Années	*Amortissement*	*Intérêt*	*Annuité*
1	20 000 000	6 000 000	26 000 000
2	20 000 000	4 800 000	24 800 000
3	20 000 000	3 600 000	23 600 000
4	20 000 000	2 400 000	22 400 000
5	20 000 000	1 200 000	21 200 000
TOTAL	100 000 000	18 000 000	

– le remboursement par annuité constante. Une table financière fournit la valeur de l'annuité constante en fonction du taux d'intérêt nominal, du nombre d'obligations et de la durée de vie de l'emprunt. Comme les intérêts sont plus élevés au début de la vie de l'emprunt quand il y a beaucoup d'obligations « vivantes », la constance de l'annuité entraîne le remboursement d'un petit nombre d'obligations. Puis, à mesure que l'on se rapproche de l'échéance, les intérêts diminuent, ce qui permet d'amortir un plus grand nombre d'obligations.

Exemple : L'emprunt précédent est remboursé chaque année par annuité constante. Si l'on pose N = le nombre d'obligations, i = le taux nominal, n = la durée de vie de l'emprunt, le premier amortissement A*m* est de :

$$Am = N \times \frac{i}{(1+i)^n - 1} = 100\,000 \times \frac{0{,}06}{(1+0{,}06)^5 - 1} =$$

17 739 640 euros

soit 17 740 obligations.

Chaque année, le montant de l'amortissement est multiplié par 1,06.

Le tableau d'amortissement est alors le suivant :

Années	*Amortissement théorique*	*Amortissement en titres*	*Obligations vivantes*	*Amortissement effectif*	*Intérêts*	*Annuité*
1	17 739 640	17 740	100 000	17 740 000	6 000 000	23 740 000
2	18 804 018	18 804	82 260	18 804 000	4 935 600	23 739 600
3	19 932 260	19 932	63 456	19 932 000	3 807 360	23 739 360
4	21 128 195	21 128	43 524	21 128 000	2 611 440	23 739 440
5	22 395 887	22 396	22 396	22 396 000	1 343 760	23 739 760
TOTAL	100 000 000	100 000	0	100 000 000	18 698 160	

• **Le remboursement au gré de l'émetteur ou de l'obligataire**

Afin de lutter contre une baisse des taux d'intérêt, l'émetteur peut se donner la possibilité de rembourser ses obligations avant l'échéance (à une date fixée dès l'émission de l'emprunt ou à tout moment), pour lancer un nouvel emprunt à un taux plus faible. En contrepartie, l'obligataire est alors autorisé à se prémunir contre une hausse des taux d'intérêt en pouvant demander le remboursement des obligations avant l'échéance, afin de reprêter à un taux plus élevé. La gestion de ces « obligations à fenêtres » ou à « sorties optionnelles » étant lourde, des pénalités sont, souvent, prévues en cas d'amortissement anticipé, par exemple une prime de remboursement pour l'émetteur et une réduction de l'intérêt de la dernière année pour l'obligataire afin que les demandes de remboursement anticipé soient exceptionnelles et n'interviennent que si elles s'avèrent vraiment rentables.

Il existe des cas particuliers de remboursement concernant certaines catégories d'obligations :

– les obligations convertibles et les obligations remboursables en actions, déjà présentées ;

– les obligations prorogeables (si les obligataires le souhaitent) ;

– les titres participatifs (TP). Il s'agit, en fait, de titres à mi-chemin entre les actions et les obligations (dont ils épousent le régime fiscal). Ils ne sont pas remboursables et sont rémunérés sous forme d'un intérêt double : une partie fixe et une partie variable fonction du résultat de la société. Ils sont réservés aux sociétés du secteur public, aux sociétés anonymes coopératives, aux établissements publics de l'État à caractère industriel et commercial (EPIC) et aux banques mutualistes et coopératives ;

– les titres subordonnés à durée indéterminée (TSDI). Comme les titres participatifs, ce sont des titres qui ressemblent à la fois à des actions et à des obligations : leurs détenteurs ne sont normalement remboursés qu'à la liquidation de l'entreprise, après tous les autres créanciers, mais ne sont rémunérés chaque année que si le dividende est lui-même versé aux actionnaires. Les TSDI sont à l'origine de montages financiers complexes, essentiellement sur les marchés internationaux des euro-obligations.

Chapitre 2

La cotation en bourse

Les détenteurs de valeurs mobilières souscrites sur les marchés primaires souhaitent toujours que leurs titres soient transformables en liquidités dès qu'ils en éprouvent le besoin. Parallèlement, d'autres épargnants qui ne désirent pas acquérir ces titres lors de leur émission peuvent vouloir, par la suite, en acheter. Le marché secondaire qu'est la bourse a pour but d'assurer l'échange (la « négociabilité ») des titres de capital (actions et titres proches) et des titres de créances (obligations et titres proches) à un prix (le « cours ») résultant de la confrontation de l'offre et de la demande. La Bourse de Paris est essentiellement un marché de titres de capital car les obligations sont surtout échangées de gré à gré entre banques.

L'introduction en bourse d'une société est la conséquence de la volonté de ses actionnaires de céder leurs titres afin de profiter du produit de la vente. En revanche, la cession n'a aucune influence financière sur la société. En effet, sauf exception, les valeurs mobilières mises sur le marché existent préalablement, c'est-à-dire ne proviennent pas d'une augmentation de capital.

L'inscription en bourse répond, pour la société, à plusieurs objectifs : améliorer sa notoriété, accroître ses chances de lever des fonds importants dans le futur, favoriser la liquidité de ses titres, assurer sa pérennité grâce à une transmission anticipée et plus avantageuse fiscalement, faciliter sa valorisation.

Définition : La liquidité d'un titre est son aptitude à être échangé sans difficulté dès qu'un épargnant désire l'acheter ou le vendre.

Définition : La valorisation boursière d'une société cotée est appelée capitalisation boursière et est égale au nombre d'actions, d'actions à dividende prioritaire sans droit de vote et de certificats d'investissement multiplié par le cours unitaire de chacune de ces catégories de titres.

Même s'il leur est possible de se faire coter sur plusieurs places internationales à partir du moment où ils respectent les règles propres à chaque pays, les émetteurs ne peuvent être inscrits que sur une seule bourse nationale et sur un seul compartiment de cette bourse, en raison de l'unicité nécessaire de la cotation à un moment donné.

Le cas particulier des « actions traçantes » (ou « actions reflets ») doit être précisé. Il s'agit des actions d'une société qui suivent les performances de l'activité d'une branche spécifique de cette société. Cotées de manière indépendante, ces actions bénéficient d'un dividende prioritaire calculé sur les résultats de la branche tracée et donnent la qualité d'actionnaires de la société.

Il existe plusieurs catégories de marchés boursiers (section I) sur lesquels des acheteurs et des vendeurs passent des ordres (section II) permettant la cotation des titres (section III) dont les cours sont fonction de nombreuses variables (section IV).

I. TYPOLOGIE DES MARCHÉS BOURSIERS

En dehors de quelques exceptions dont la plus notable est celle de Wall Street à New York, une bourse n'a plus aujourd'hui de réalité concrète. Il ne s'agit que d'une plate-forme électronique sur laquelle sont effectuées les transactions à partir de salles de marché délocalisées dans le monde entier. Par exemple, le symbole de la Bourse de Paris, la « corbeille », a été démoli le 15 juillet 1987. Il datait de la construction du Palais Brongniart, inauguré le 26 novembre 1826, après que bien des sites ont accueilli les transactions sur valeurs mobilières depuis l'instauration légale d'une bourse à Paris par un arrêt du 22 septembre 1724.

Juridiquement, même si la Bourse de Paris existe encore, l'entreprise de marché qui la gère a fusionné, le 22 septembre 2000, avec les entreprises de marché des Bourses de Bruxelles (BXS) et d'Amsterdam (AEX) et le 12 décembre 2001 avec celle de Lisbonne et Porto (BVLP) pour former Euronext, société de droit néerlandais.

Cette bourse assure la cotation de 1 134 sociétés nationales (dont elle-même) et de 405 étrangères représentant une capitalisation de 2 070 milliards d'euros. Chaque société reste cotée sur sa bourse d'origine, mais ses titres sont négociés sur la plate-forme commune.

Ainsi, la Bourse de Paris participe au mouvement de regroupement des bourses, indispensable pour réduire les coûts de négociation dans un environnement de concurrence européenne et mondiale de plus en plus intense. Le tableau ci-dessous montre ainsi qu'Euronext parvient à lutter avec les grandes bourses américaines que sont le New York Stock Exchange – NYSE et le NASDAQ ou européennes que sont le London Stock Exchange – LSE ou la Deutsche Börse – DB de Francfort, à la fois pour le nombre de sociétés cotées et la capitalisation boursière au 31 décembre 2001 et les transactions nouées au cours de l'année 2001 :

Bourse	*Nombre de sociétés cotées*	*Capitalisation boursière (MM d'euros)*	*Transactions (MM d'euros)*
EURONEXT	1 539	2 070	1 668
NYSE	2 862	9 653	9 186
NASDAQ	4 734	3 164	9 468
LSE	2 374	2 413	3 841
DB	989	1 204	1 027

Source : Fédération internationale des bourses de valeurs.

Depuis une directive du 10 mai 1993, intégrée en France dans la loi du 2 juillet 1996 sur « la modernisation des activités financières », les marchés européens de valeurs mobilières se divisent en marchés non réglementés, considérés comme de gré à gré, et marchés réglementés. Si les opérations qui sont effectuées sur ces marchés le sont toutes, dorénavant, officiellement au comptant, les conditions d'accès à ces marchés sont différentes.

Définition : Une opération au comptant oblige l'acheteur à payer le jour de la transaction les titres « livrés » simultanément par le vendeur.

Dans les faits, si l'inscription ou la disparition des titres dans les comptes des épargnants passeurs d'ordres a lieu le jour même de la négociation, le règlement et la livraison entre les intermédiaires interviennent dans les trois jours qui suivent.

1. Les marchés non réglementés

Les marchés non réglementés sont caractérisés soit par une absence totale de contrôle soit par un contrôle moins strict que sur les marchés réglementés.

- **Des marchés non contrôlés**

Il s'agit de marchés indépendants de tout organisme de tutelle, comme les marchés boursiers sur Internet sur le modèle des Electronic Communications Networks (ECN) américains ou les marchés privés comme les « marchés de gros de titres d'entreprises non cotées », sur lesquels les émetteurs ne sont soumis à aucune règle et les transactions sont effectuées aux risques et périls des intervenants.

- **Des marchés peu contrôlés**

Sont classés dans cette catégorie les marchés OTC (« *over the counter* » ou « ouvert à toute cession ») dont l'exemple en France est le marché libre. Ce marché, créé en septembre 1996, a remplacé, le 2 juillet 1998, le marché hors cote qui, lui-même, avait succédé à l'ancienne « coulisse », marché créé par les banques pour concurrencer la « cote officielle » des agents de change.

Le marché libre bénéficie des mêmes systèmes de négociation, de livraison et de règlement que le marché réglementé Euronext Paris, mais nécessite des formalités d'accès et des frais allégés. Ces dispositions attirent des sociétés qui souhaitent se familiariser avec les mécanismes boursiers à un coût faible avant d'intégrer l'un des compartiments réglementés.

L'inscription est faite sous la responsabilité d'un intermédiaire et ne peut provenir que de la demande d'un détenteur de titres (et non de la société elle-même).

Les négociations sur le marché libre sont risquées pour les intervenants : d'une part, les informations rendues publiques par les sociétés sont succinctes (statuts et comptes des deux dernières années) et ne sont pas contrôlées par les autorités de tutelle ; d'autre part, comme les transactions portent sur un nombre faible de titres, les fluctuations (la « volatilité ») des cours sont fortes.

2. Les compartiments du marché réglementé

Ce sont des marchés créés par arrêtés ministériels. Ainsi, Euronext Paris est un marché réglementé qui comprend, à côté des marchés dérivés (marché à terme – MATIF et marché des options – MONEP), cinq compartiments de valeurs mobilières : le Premier marché, le Deuxième marché, le Nouveau marché, le marché des certificats d'actions de sociétés étrangères (European Depositary Receipts – EDR) et le marché des fonds indiciels (Exchange Traded Funds – ETF).

- **Le Premier marché**

Il remplace l'ancienne cote officielle et accueille les titres de capital des sociétés françaises et étrangères qui disposent des capitalisations boursières les plus élevées et enregistrent les transactions les plus nombreuses ainsi que les titres de créances des émetteurs les plus importants.

Pour que ses actions soient cotées sur le Premier marché, en dehors du respect des conditions juridiques (concernant le vote d'acceptation de l'assemblée générale, les documents comptables visés par deux commissaires aux comptes, la diffusion des informations nécessaires, etc.), une société doit remplir deux conditions financières : avoir distribué au moins un dividende au cours des trois derniers exercices et mettre sur le marché le flottant minimum (soit 25 %, soit au moins 600 000 titres).

Définition : Le flottant est le nombre de titres de capital d'une société qui circulent sur le marché.

Une société est radiée du Premier marché si elle n'en respecte plus les conditions réglementaires, si son flottant est devenu inférieur au seuil exigé, si elle n'a pas mis en paiement les dividendes sur trois exercices consécutifs, si la moyenne quotidienne des transactions en valeur et en titres ou le nombre de jours de cotation est insuffisant. Elle peut, alors, demander son inscription sur le marché libre (c'est souvent le cas de sociétés ayant été la cible d'une offre publique réussie).

Le Premier marché n'est plus composé que d'un compartiment unique depuis la disparition du règlement mensuel (RM) le 25 septembre 2000. Cependant, pour ne pas déstabiliser les petits porteurs habitués au RM, a été mis au point un système proche dans sa forme, mais payant au lieu d'être gratuit, le service de règlement différé (SRD). Y sont éligibles les actions des sociétés faisant partie de l'indice SBF 120 ou ayant une capitalisation boursière minimum de un milliard d'euros et bénéficiant de transactions quotidiennes d'au moins un million d'euros.

Grâce à ce système, les intervenants qui le précisent explicitement sur leurs ordres peuvent ne pas payer immédiatement les titres achetés ni livrer immédiatement les titres vendus. Il s'agit, donc, d'opérations à terme, les intermédiaires habilités jouant, contre rémunération, le rôle de prêteurs d'argent et de titres.

> **Définition :** Une opération à terme permet à l'acheteur de payer les titres à une certaine échéance, au moment où il les reçoit du vendeur.

Cette transaction peut donc être réalisée « à découvert », dans un but spéculatif lorsque l'acheteur anticipe une hausse des cours et le vendeur une baisse. Seul, un dépôt de garantie (une « couverture ») minimum est requis au moment de la transaction : 20 % en espèces, 25 % en titres de créances, 40 % en titres de capital. L'acheteur ne devient propriétaire des titres que lorsqu'il les a payés et le vendeur reste propriétaire tant qu'il n'a pas reçu les fonds.

Les opérations peuvent ensuite être dénouées de trois façons différentes :

– le dernier jour de bourse du mois, les acheteurs règlent leur achat au prix fixé le jour de la négociation et reçoivent les actions ; les vendeurs livrent les actions et encaissent le prix fixé le jour de la négociation ;

– jusqu'à l'échéance (la « liquidation » qui intervient cinq jours de bourse avant la fin du mois calendaire), les titres sont vendus par les acheteurs et achetés par les vendeurs. Chaque intervenant reçoit son gain si le prix de vente est supérieur au prix d'achat ou règle sa perte si le prix de vente est inférieur au prix d'achat ;

– à l'échéance, le lendemain de la « liquidation », donc quatre jours de bourse avant la fin du mois calendaire, si le dénouement de leur opération se solde par une perte, les acheteurs et les vendeurs peuvent proroger leur position sur le mois suivant, dans l'espoir d'une amélioration de leur situation. Un complément au dépôt de garantie est alors demandé.

• Le Deuxième marché

Le Deuxième marché (anciennement Second marché) a été créé en 1982, à un moment où les nationalisations entraînaient la radiation de la cote de grandes sociétés qu'il fallait remplacer par un grand nombre de petites pour que la Bourse de Paris conserve une dimension internationale. Des entreprises familiales ont été séduites par les deux avantages du Second marché :

– un risque réduit de perte de contrôle pour les dirigeants en place, puisque seulement 10 % des titres de capital de la société peuvent être introduits sur le marché. Ce faible flottant présente, cependant, l'inconvénient d'une forte volatilité potentielle ;

– des conditions d'informations moins contraignantes, donc des coûts d'accès et de maintien en bourse plus faibles.

Après 3 ans de cotation, la société est maintenue sur le Deuxième marché, radiée ou admise sur le Premier marché en fonction de la qualité de l'information qu'elle fournit et de la liquidité des transactions sur ses titres.

• Le Nouveau marché

Le Nouveau marché a été créé en 1996 afin de rapatrier les sociétés françaises cotées sur le Nouveau marché américain, le NASDAQ. Il nécessite des conditions d'accès beaucoup moins rigoureuses que le Premier marché et le Deuxième marché (par exemple, aucune publication de bilan n'est nécessaire). Il est destiné, comme son concurrent outre-Atlantique, à des entreprises jeunes appartenant à des secteurs de haute technologie à fort potentiel de croissance, ayant un projet à financer et dont les capitaux propres atteignent au moins 1,5 million d'euros. Les dirigeants fondateurs doivent s'engager à conserver la totalité des titres détenus au moment de l'introduction pendant six mois ou 80 % pendant un an. Le flottant minimum est de 20 % (soit un minimum de 100 000 titres représentant une valeur supérieure à 5 millions d'euros), dont la moitié doit provenir d'une augmentation de capital.

• Le marché des European Depositary Receipts

Créé en 1999 sur le modèle des Americean Depositary Receipts permettant la cotation de titres étrangers aux États-Unis, le marché des European Depositary Receipts permet la négociation de certificats représentatifs des actions d'une société étrangère à la zone euro, émis par une banque détenant ces actions. Les EDR, d'au moins 100 000 titres ou 10 millions d'euros par société cotée, donnent les mêmes droits que ceux des actions correspondantes. Ils permettent à des entreprises d'Asie, d'Europe centrale et d'Amérique latine d'accéder au marché boursier français.

• Le marché des trackers

Créé en janvier 2001, le marché des Exchange Traded Funds (*trackers*) permet la négociation des titres d'organismes de placement collectif indiciel (OPCI), représentant un panier d'actions constitutives d'un indice et ayant pour objectif de faciliter la couverture contre les fluctuations de cet indice.

À partir de ces cinq marchés, Euronext a créé une segmentation commune aux trois marchés français, belge et néerlandais :

– le segment « *Top Stocks* » composé des 250 sociétés ayant les plus fortes capitalisations des trois bourses quel que soit leur secteur ;

– le segment « *Next Economy* » regroupant 96 sociétés de la nouvelle économie ;

– le segment « *Next Prime* » constitué de 117 valeurs de l'économie traditionnelle ;

– le segment « Autres Valeurs » pour les titres qui ne figurent dans aucun des segments précédents ;

– le segment « *NextTrack* » pour les *trackers.*

II. LES ORDRES DE BOURSE

Définition : Un ordre de bourse est un document écrit par lequel un opérateur demande à un intermédiaire habilité de lui acheter ou de lui vendre des titres sur un marché centralisé, à certaines conditions.

Depuis 1991, un système moderne de cotation assistée par ordinateur est utilisé à Paris pour toutes les valeurs. Il est régi par deux règles :

– le prix. Tout ordre d'achat comportant une limite supérieure est exécuté avant les autres ordres libellés à des prix plus faibles ; tout ordre de vente avec la limite la plus faible est exécuté avant les ordres libellés à des prix plus élevés ;

– le temps. Pour deux ordres identiques, comme chacun est horodaté dès qu'il est reçu par un intermédiaire, le premier arrivé est exécuté avant le second.

Un ordre comporte des indications générales et des indications de prix.

1. Indications générales

Elles sont au nombre de trois : le sens de l'opération (ordre d'achat ou de vente), la quantité et le nom des titres à négocier, les limites de validité qui conduisent à préciser si l'ordre est valable :

– « jour », celui où il est passé ;

– à révocation, au maximum une année civile. Si aucune durée de validité n'est indiquée, l'ordre est considéré comme étant à révocation ;

– à date déterminée, jusqu'à une certaine date, la limite étant le mois civil ou le jour de la liquidation pour les titres du service de règlement différé.

2. Indications de prix

Le donneur d'ordre doit respecter les échelons de cotation (0,01 euro pour les cours inférieurs ou égaux à 50 euros,

0,05 euro pour les cours de 50,05 euros à 100 euros, 0,10 euro pour les cours de 100,10 euros à 500 euros et 0,50 euro pour les cours supérieurs à 500 euros). Les différentes catégories d'ordres qu'il peut stipuler donnent la priorité soit à la sécurité du prix, soit à la rapidité d'exécution.

- **Ordre « à cours limité »**

L'acheteur fixe le prix maximum et le vendeur le prix minimum. L'ordre est exécuté en totalité (sauf s'il est limité au cours d'ouverture, auquel cas il ne l'est que pour les quantités disponibles). En revanche, en séance, il peut n'être exécuté que partiellement. Cet ordre permet de se protéger contre les fluctuations des cours.

- **Ordre « au prix du marché »**

L'ordre ne fournit aucune indication de prix. Il devient, à l'ouverture, un cours limité égal au cours d'ouverture et est exécuté en fonction des contreparties disponibles. En séance, il s'agit d'un ordre au prix de la meilleure offre pour un ordre d'achat et au prix de la meilleure demande pour un ordre de vente. Il peut, aussi, être exécuté seulement de manière partielle.

- **Ordre « à tout prix »**

Cet ordre est prioritaire et servi quel que soit le cours, pour la quantité totale au cours d'ouverture et parfois à des prix différents en séance.

- **Ordre « tout ou rien »**

Il s'agit d'un ordre « à cours limité », mais exécuté pour la totalité demandée ou offerte. De ce fait, un cours peut être coté sans qu'un ordre « tout ou rien » soit servi. Cet ordre n'est pas accepté pour les actions formant l'indice CAC 40 qui bénéficient d'une grande liquidité.

- **Ordre « à déclenchement »**

Dès que le « seuil de déclenchement » fixé dans l'ordre est atteint (cours et au-dessus du cours pour un achat et cours et au-dessous du cours pour une vente), la totalité des quantités achetées ou vendues est exécutée. Il est également possible de fixer une « plage de déclenchement ». L'ordre n'est exécuté que si le cours est situé dans la fourchette fixée, ce qui permet de se prémunir contre des changements brutaux de tendance des cours.

Les donneurs d'ordres reçoivent de leur intermédiaire le résultat de l'exécution de leurs opérations dans un « avis d'opéré » qui indique également les frais occasionnés par la négociation : courtages et droits de garde, aujourd'hui libres, parfois impôt de bourse, TVA.

III. LES COTATIONS EN BOURSE

Il existe différentes méthodes de cotation qui appliquent toutes le même principe pour parvenir à la fixation d'un cours. Même la cotation sur des opérations particulières doit suivre ce principe. Seule la fixation du cours lors de l'introduction en bourse des valeurs pour la première fois fait l'objet de procédures spécifiques. L'évolution des cours d'un nombre plus ou moins important de titres représentatifs du marché est reflétée dans les indices boursiers.

1. Les méthodes de cotation

Depuis la destruction de la « corbeille » de la Bourse de Paris, les valeurs mobilières ne sont plus cotées, dans un lieu unique, « à la criée », mais de manière informatisée, dans des salles de marché réparties dans le monde entier. Euronext, plate-forme unique de négociation pour les bourses de Paris, de Bruxelles et d'Amsterdam, a adopté le système français de cotation NSC (Supercac). En fonction du volume quotidien échangé, un titre est coté au fixage ou en continu.

- **La cotation au fixage**

Les cours des titres cotés qui connaissent des transactions faibles sont déterminés deux fois par jour (FA fixage A) ou même une seule fois (FB fixage B, pour les titres du marché libre).

- **La cotation en continu**

Les cours des titres qui connaissent beaucoup de transactions sont cotés en continu, soit toutes les 30 secondes (CA continu

A si les négociations sont supérieures à 20 par jour ou si elles dépassent 38 120 euros), soit dès que des ordres sont reçus (CB continu B si les négociations sont supérieures à 5 par jour ou si elles dépassent 8 000 euros). Ces titres sont cotés, en outre, deux fois au fixage : à l'ouverture, en fonction des ordres reçus pendant la période dite de préouverture, et à la clôture, dernier cours de la journée qui constitue la base de référence pour les opérations réalisées hors bourse après la fermeture, pour le calcul de la plupart des indices et pour la fixation des seuils de réservation du lendemain.

Les seuils de réservation

Afin d'éviter de trop grandes variations quotidiennes des cours, des seuils de réservation (des « coupe-circuits ») sont prévus : les cotations sont suspendues deux fois puis définitivement arrêtées pour la journée si les cours, à la hausse comme à la baisse, fluctuent au-delà de certaines limites, propres à chaque compartiment (10 % puis deux fois 5 % pour les titres cotés en continu A ; 5 %, puis deux fois 2,5 % pour les titres cotés en continu B ; deux fois 5 % pour les titres cotés au fixage A, une fois 10 % pour les titres cotés au fixage B).

Ces suspensions pour cause de volatilité des cours ne doivent pas être confondues avec les suspensions décidées par les autorités de marché à la demande de l'émetteur ou des autorités de tutelle pour risque sur l'épargne publique (par exemple dans l'attente d'une information déterminante devant être donnée par une société).

L'absence de cotation

Il peut arriver que seuls des cours indicatifs offerts ou demandés soient publiés si des ordres de vente ou d'achat n'ont conduit à aucun échange en raison d'un manque de contrepartie (des ordres de ventes sans ordres d'achats ou des ordres d'achats sans ordres de ventes). Il existe également des cotations offres ou demandes « réduites » s'il y a un déséquilibre trop important entre les offres et les demandes. Ces solutions n'existent pas pour les titres sur lesquels des intermédiaires sont tenus d'assurer la contrepartie.

2. La fixation d'un cours

Pour chaque cotation, une feuille de marché, unique par valeur sur les quatre bourses d'Euronext, est établie à partir de tous les ordres d'achats et de ventes reçus depuis la cotation précédente et qui sont entrés dans l'ordinateur central de la Bourse de Paris.

Définition : Le cours est le prix d'un titre qui, à un moment donné, maximise le nombre de titres échangés, c'est-à-dire satisfait simultanément la plus grande quantité d'achats et de ventes.

Le cours est déterminé par la confrontation du cumul de tous les ordres d'achats proposés à chaque cours et à des cours plus élevés et du cumul de tous les ordres de vente proposés à chaque cours et à des cours plus faibles.

On dit que le marché français est gouverné par les ordres, alors que le marché anglais est gouverné par les prix : des *market makers* (« teneurs de marché ») y proposent en permanence des cours auxquels les passeurs d'ordres acceptent d'acheter ou de vendre.

Exemple : Soit la feuille de marché suivante pour les actions d'une société :

Quantité à l'achat	*Cumul des achats*	*Limite de cours*	*Cumul des ventes*	*Quantité à la vente*
220	220	À tout prix ou au prix du marché		
490	710	182,00	5 050	1 530
740	1 450	181,50	3 520	1 260
910	2 360	181,00	2 260	980
1 120	3 480	180,50	1 280	750
1 230	4 710	180,00	530	500
		À tout prix ou au prix du marché	30	30

C'est le cours de 181 euros qui est retenu puisqu'il permet de satisfaire la plus grande quantité de titres échangés : 2 360 titres sont proposés à l'achat et 2 260 à la vente.

Cependant, la demande de 100 titres proposés à l'achat (figurant dans les derniers ordres arrivés à des prix limités au cours coté de 181 euros) ne pourra être satisfaite, en raison de l'insuffisance de titres proposés à la vente. Ils seront prioritaires pour la cotation suivante.

Rappelons que si les actions sont cotées en euros, le cours des obligations est fixé en pourcentage de leur valeur nominale. Selon le même principe que celui expliqué ci-dessus, le cours est exprimé « au pied du coupon », le « coupon couru » étant coté de manière séparée, également en pourcentage. Le coupon couru est calculé chaque jour par Euronext SA et payé par l'acheteur au vendeur puisque c'est le détenteur des titres au moment du détachement qui reçoit l'intérêt.

3. Les cours sur des opérations particulières

Deux types d'opérations sont autorisés à ne pas passer par le système de cotation centralisée, tout en respectant les cours cotés sur le marché : les applications et les négociations de blocs de titres.

• Les applications

Définition : Une application est constituée par le rapprochement, par un même intermédiaire, des ordres de deux clients, l'un souhaitant acheter et l'autre vendre.

Les applications ne peuvent être réalisées qu'à un prix correspondant à la meilleure offre ou à la meilleure demande existant au moment de leur exécution ou à un cours égal à l'une de ces deux limites. Si elles sont effectuées en dehors des heures d'ouverture du marché, c'est le cours de clôture qui sert de référence.

• Les négociations de blocs de titres

Définition : Un bloc de titres est constitué par un ordre d'achat ou de vente portant sur un grand nombre de titres.

Les cessions de blocs de titres, souvent effectuées dans le cadre des opérations de contrepartie réalisées par les intermédiaires, risquent de déséquilibrer le marché en raison de l'importance des quantités échangées. Aussi sont-elles régies de façon stricte. Euronext SA fixe la valeur minimum d'un bloc et distingue les cessions de blocs d'actions :

– courants (minimum 75 000 euros) ;

– structurants (minimum 7,5 millions d'euros ou 5 % de la capitalisation boursière de la société si la cession est inférieure à 1 milliard d'euros).

La cotation doit s'effectuer à l'intérieur d'une fourchette qui correspond à la moyenne des offres et des demandes sur la feuille de marché plus ou moins 5 % pour un bloc courant et plus ou moins 10 % pour un bloc structurant.

L'acquéreur d'un bloc de contrôle qui donne la majorité du capital ou des droits de vote d'une société doit initier la procédure de « garantie de cours ». Celle-ci lui impose d'acheter, pendant au moins 10 jours de bourse, les titres de tous les actionnaires au prix de la cession.

4. La fixation du cours d'introduction en bourse

Sauf sur le Nouveau marché sur lequel l'inscription des actions se fait au moins pour moitié par augmentation de capital, tous les titres inscrits sur les autres marchés existent préalablement à l'introduction. Ils sont fournis par des actionnaires qui acceptent de s'en séparer.

La diffusion des titres dans le public s'effectue, totalement ou partiellement, avant la première cotation, sous forme d'un pré-placement, ou au moment de leur première cotation. La cotation du premier cours peut provenir de trois méthodes : l'offre à prix minimal, l'offre à prix ferme ou ouvert, la cotation directe.

- **L'offre à prix minimal**

Les acheteurs intéressés par les actions de la société prochainement cotée libellent leurs ordres de bourse, valables seulement le jour de l'introduction, « à tout prix » ou à un cours limité au prix minimum ou au-dessus. Ils reçoivent les titres selon un ordre décroissant de leurs propositions.

Si le nombre de titres demandés est inférieur au nombre de titres offerts, les ordres sont servis pour la quantité demandée de titres, le cours coté étant le prix minimal. Si le nombre de titres demandés est supérieur au nombre de titres offerts, l'introduction est soit reportée soit réalisée dans la fourchette des prix la plus demandée et à l'intérieur de laquelle les ordres sont servis. Le cours coté est alors la limite du dernier ordre servi.

- **L'offre à prix ferme ou ouvert**

Les titres sont cédés à un prix unique qui est donc le premier cours coté. Tous les ordres (valables seulement le jour de l'introduction) sont libellés à ce prix. L'offre ferme peut être à prix ouvert : les titres sont cédés à un prix stipulé à l'intérieur d'une fourchette. Les ordres sont alors libellés à des prix de la fourchette.

Si le nombre de titres demandés est inférieur au nombre de titres offerts, l'introduction est reportée dans l'hypothèse où cette situation a été prévue. Dans le cas contraire, les ordres sont servis à 100 %. Si le nombre de titres demandés est supérieur au nombre de titres offerts, l'introduction est soit reportée soit réalisée, le cours coté étant alors celui du prix d'offre. Chaque demandeur reçoit le pourcentage de sa demande équivalent au pourcentage du nombre total de titres offerts par rapport au nombre total de titres demandés.

Dans le cas où un pré-placement partiel des titres a eu lieu avant la première cotation, le prix ferme ou ouvert ne peut être plus élevé que le prix du placement.

- **La cotation directe**

Elle est identique à une cotation normale : le premier cours est établi de telle sorte qu'il permette l'échange du plus grand nombre possible d'actions. Sauf précision contraire, les ordres sont considérés « à révocation ».

Si le nombre de titres demandés est inférieur au nombre de titres offerts, les ordres sont servis à 100 %, le cours coté étant le prix minimal proposé. Si le nombre de titres demandés est supérieur au nombre de titres offerts, l'introduction est soit reportée soit réalisée, les autorités du marché déterminant le cours coté à la limite qui égalise la demande à l'offre et le pourcentage du nombre total de titres offerts par rapport au nombre total de titres demandés. Les ordres libellés « à tout prix » ou à des limites supérieures au cours coté sont intégralement servis. Les ordres limités au cours coté sont honorés s'ils restent des titres à placer.

La cotation directe n'est pas possible pour une introduction sur le Nouveau marché.

5. Les indices, vitrine de l'évolution des cours

Sur chaque place financière sont calculés et publiés de nombreux indices dont l'évolution permet de connaître la performance des cours des titres qui les constituent. L'un de ces indices dispose d'une médiatisation plus importante que les autres (par exemple le CAC à Paris, le Dow Jones à Wall Street, le Dax à Francfort, le FTSE à Londres, le Nikkei à Tokyo, le Stoxx dans la zone euro, etc.). Ces indices présentent un certain nombre de limites dont le CAC n'est pas exempt.

• Les limites des indices phares

Les indices phares sont à la base d'inconvénients, donc de dangers, pour différentes raisons :

– ils ne sont constitués que d'un échantillon très réduit de sociétés par rapport au nombre total de sociétés cotées sur la place financière (40 à Paris, 30 à New York et à Francfort, 100 à Londres, 225 à Tokyo, 50 dans la zone euro, etc.) ;

– le choix des sociétés qui les composent n'est pas toujours scientifique. Ainsi, ce sont les journalistes du Wall Street Journal qui sélectionnent les sociétés dont les titres sont retenus pour le calcul du Dow Jones ;

– leur calcul est parfois rudimentaire (moyenne simple dans le cas du Dow Jones ou du Nikkei, chaque société entrant pour 1/30 ou 1/225 dans l'évolution de l'indice) ;

– leur importance médiatique est telle que tous les gestionnaires cherchent à réaliser une performance au moins égale à celle de l'indice. Pour y parvenir, ils composent leur portefeuille en priorité avec les actions le composant. Ceci explique pourquoi plus de 80 % des transactions totales annuelles sur les actions d'Euronext Paris portent sur les 40 sociétés du CAC ;

– pour couvrir le risque de performances moins bonnes, il est possible d'intervenir directement sur l'indice lui-même par des opérations réalisées sur les *trackers*, les marchés à terme et les marchés d'options. Ces méthodes sont source de volatilités supplémentaires.

• Le CAC 40

À Paris, l'indice le plus connu est le CAC 40, moyenne des cours de 40 sociétés cotées sur le premier marché.

Le choix des 40 sociétés du CAC

Le critère de sélection est la capitalisation boursière totale des entreprises. Le poids des secteurs représentés par les 40 sociétés (qui se trouvent parmi les 100 sociétés cotées ayant la plus forte capitalisation) doit correspondre au poids des grands secteurs dans l'économie française. Établie par un comité scientifique, la liste est révisable tous les semestres. Ce critère sera amené à changer car les indices mondiaux les plus importants sont désormais établis à partir de la capitalisation boursière du seul flottant.

Le calcul du CAC 40

Il s'effectue selon la méthode de la moyenne pondérée : chaque société a un poids correspondant à sa capitalisation boursière dans la capitalisation totale des 40 sociétés. À partir d'une base fixée conventionnellement à 1 000 (points) le 31 décembre 1987, le CAC 40 est calculé et rendu public en points et en pourcentage de variation toutes les 30 secondes, donc après chaque cotation.

Sont aussi calculés et publiés des indices plus larges (le SBF 80, le SBF 120 ou le SBF 250 pour les sociétés françaises et Euronext 100 et Next 150 pour les sociétés françaises, belges et néerlandaises) ou plus étroits (les indices sectoriels comme IT CAC qui regroupe l'ensemble des valeurs technologiques quel que soit le marché de cotation, les indices du Deuxième marché ou du Nouveau marché, l'indice MIDCAC qui provient des cours de 100 sociétés cotées de moyenne importance).

Il existe également des indices obligataires, le plus connu étant le THE, le taux hebdomadaire des emprunts d'État à taux fixe.

IV. LES FACTEURS EXPLICATIFS DES COURS BOURSIERS

Le cours boursier d'un titre, c'est-à-dire son prix fixé sur le marché par l'offre et la demande, est fonction de l'appréciation de son rendement global, composé du revenu procuré et du risque encouru. La rémunération est représentée par le coupon annuel (dividende dans le cas d'un titre de capital, intérêt dans le cas d'un titre de créances). Le risque se concrétise par la plus ou moins-value réalisée au moment de la cession.

Définition : Le rendement global d'un titre est la somme de son coupon et de sa plus ou moins-value de cession.

En général, risque et rémunération sont corrélés positivement : plus un titre présente un risque élevé, plus sa rémunération est élevée et inversement. La difficulté de leur appréciation dans l'optique de l'évaluation d'un titre provient du fait qu'il ne suffit pas d'en connaître la valeur présente, mais qu'il faut aussi en anticiper la valeur future. Ce type de prévision nécessite d'abord de disposer d'informations suffisantes sur l'émetteur du titre concerné, puis d'actualiser les flux annuels du rendement global attendu car un euro demain n'est pas égal à un euro aujourd'hui.

Définition : La valeur théorique d'un titre est mesurée par la valeur actuelle du rendement global futur que l'on peut en attendre.

Exemple : Un capital de 100 euros placé aujourd'hui à 3 % vaudra 103 euros dans un an ($100 + 100 \times 3\ \%$, soit $100 (1 + 0{,}03)$). Inversement, l'obtention d'un capital de 103 euros dans un an résultant d'un placement à 3 % nécessite aujourd'hui un placement (valeur actuelle) de 100 euros ($103/(1 + 0{,}03)$).

Si l'on généralise, la valeur C_0 d'un capital valant C_n dans n années, à un taux d'intérêt i, est de :

$$C_o = C_n \left(\frac{1}{(1 + i)^n}\right) = C_n(1 + i)^{-n}$$

Ainsi, le taux de rendement futur d'une action se mesure par le taux d'actualisation qui rend sa valeur actuelle égale au cours présent de l'action. De même, le taux de rendement attendu d'une obligation se mesure par le taux actuariel brut, taux qui égalise la valeur actuelle des flux financiers futurs avant impôts qu'elle procure, actualisés à ce taux, au cours présent de l'obligation.

L'anticipation du rendement global dépend de facteurs à la fois généraux et propres au titre lui-même.

1. Les facteurs généraux

L'évaluation du cours des titres est sous l'influence des facteurs qui régissent la loi de l'offre et de la demande, c'est-à-dire d'abord l'épargne en général, puis chaque catégorie de titres, actions et obligations, en particulier. L'analyse est délicate pour quatre raisons :

– il existe des variables non prévisibles, par exemple une catastrophe naturelle ;

– il est difficile de connaître le rôle de chaque variable prise isolément ;

– certaines variables ont des effets contradictoires, à l'origine aussi bien d'une hausse que d'une baisse des cours ;

– le sens de la causalité ne peut jamais être clairement établi. Par exemple, des achats ou des ventes d'obligations conduisent à des fluctuations du taux d'intérêt, mais des fluctuations du taux d'intérêt conduisent aussi à des achats ou des ventes d'obligations.

Quatre facteurs généraux ont une influence primordiale sur les cours des titres : l'environnement des marchés, la variation des prix, la fiscalité sur les valeurs mobilières, le taux d'intérêt.

• L'environnement des marchés

D'une manière générale, plus la stabilité politique et sociale, interne et externe, et la croissance économique semblent assurées pour l'avenir, plus l'épargne est encouragée et plus la demande sur le marché boursier augmente. En effet, quand leur revenu disponible s'accroît, les agents économiques ont tendance à moins consommer, donc à plus épargner.

On peut alors penser que les cours des actions profitent davantage de cette situation que les cours des obligations. En effet, les profits, donc les dividendes, et la valeur des entreprises sont attendus en hausse. De plus, pour éviter les tensions inflationnistes que ne manque pas d'entraîner une forte demande, les banques centrales sont amenées à augmenter les taux d'intérêt à court terme, ce qui se répercute d'autant plus sur les taux à long terme que l'inflation anticipée est forte.

On peut retenir trois éléments particuliers concernant l'environnement des marchés :

– la situation économique des États-Unis et le comportement de la bourse de New York, véritables baromètres pour toutes les autres bourses ;

– l'évolution des taux de change pour l'acquisition de titres soit étrangers soit sur des places étrangères. Si le taux de change de la monnaie d'un pays doit s'apprécier, les entreprises vont avoir plus de difficultés pour exporter : leurs profits, et donc le cours de leurs titres, risquent d'être orientés à la baisse. En revanche, les non-résidents peuvent être incités à acheter des actions de ces sociétés pour bénéficier de l'appréciation monétaire : cette demande accrue est susceptible de conduire à une hausse des cours. Le risque de change s'ajoute aux autres risques ;

– le mode de constitution des retraites. Quand les retraites sont régies par un système de répartition (les actifs assurent les revenus des retraités), les individus éprouvent moins la nécessité d'épargner pour leurs vieux jours. En revanche, dans un système de retraite par capitalisation, chacun doit se constituer sa propre retraite en épargnant tout au long de sa vie professionnelle. Souvent confiée à des organismes collectifs, la gestion des fonds passe nécessairement par l'achat d'actions et d'obligations.

- **La variation des prix**

La variation des prix exerce une influence incertaine sur l'épargne, à la fois en sens inverse (effet de revenu) et dans le même sens (effet de substitution).

L'effet de revenu

En cas de hausse attendue des prix, les ménages augmentent leur consommation présente, afin de payer moins cher aujourd'hui que demain : il s'agit de l'attitude de « fuite devant la monnaie ». Ils réduisent donc leur épargne. Inversement, en cas de baisse attendue des prix, les ménages consomment moins aujourd'hui, dans le but de payer moins cher demain. Ils épargnent alors davantage.

L'effet de substitution

En cas de hausse des prix, les agents constatent que tous les actifs composant leur patrimoine perdent de la valeur en pouvoir d'achat. Souhaitant conserver intacte leur « richesse réelle » (patrimoine mesuré sans tenir compte de la hausse des prix), ils épargnent davantage. Inversement, en cas de baisse des prix, comme leur richesse prend de la valeur en pouvoir d'achat, ils peuvent maintenir leur patrimoine réel constant en épargnant moins.

Se pose, en plus, la question de savoir si les épargnants sont sensibles à l'illusion monétaire, c'est-à-dire prennent davantage en considération les cours exprimés en valeur nominale ou en valeur réelle, une fois retirée la hausse des prix. En général, plus la variation anticipée des prix est forte, plus ce sont les éléments réels qui sont pris en considération. Dans un contexte de hausse de prix, l'achat d'actions est davantage encouragé que l'achat d'obligations dont le pouvoir d'achat baisse avec le temps.

- **La fiscalité sur les valeurs mobilières**

Plus que le montant total de l'épargne, la fiscalité sur les valeurs mobilières influence sa répartition entre les différentes catégories proposées. Les assiettes de l'impôt sur la fortune et de l'impôt sur les successions sont identiques pour les titres de capital et les titres de créances : la totalité du montant détenu au moment de l'évaluation. De même, l'impôt sur les plus-values (différence entre le prix de vente et le prix d'achat) est de 26 % sur les deux catégories de titres à partir du moment où le total des cessions annuelles de titres (y compris les titres des organismes de placement collectif en valeurs mobilières OPCVM) dépasse le seuil de 7 600 euros (en 2001).

En revanche, l'imposition de la rémunération qui s'ajoute au revenu imposable est différente (en dehors des prélèvements sociaux). Sur les intérêts des obligations, aucun abattement n'est pratiqué, mais l'obligataire a la possibilité d'opter pour le « prélèvement libératoire » forfaitaire de 25 %, effectué par l'organisme financier de l'émetteur, si son taux d'imposition est supérieur. Sur les dividendes des actions, un abattement est pratiqué (en 2001 de 1 220 euros pour une personne et de 2 440 euros pour un couple). Au-delà, l'actionnaire est imposé, mais, s'il est résident français, il bénéficie de l'avoir fiscal.

Définition : L'avoir fiscal est un crédit d'impôt permettant à un profit de ne pas être imposé deux fois, une fois pour l'entreprise qui l'a réalisé, une fois pour l'actionnaire qui l'a reçu sous forme de dividende.

Exemple : Si un actionnaire reçoit un dividende de 10 euros alors que l'avoir fiscal est de 50 %, il déclare un revenu de 15 euros (10 + 50 % × 10), mais paiera 5 euros de moins d'impôts. S'il n'est pas imposable, l'État lui remboursera ces 5 euros.

Les dividendes et les plus-values sont exonérés si la détention des actions de sociétés de la zone euro se fait dans le cadre d'un plan d'épargne en actions – PEA conservé plus de cinq ans. Le PEA, plafonné à 120 000 euros par personne et sur lequel les versements sont libres, est géré directement par son titulaire ou, en contrepartie d'un mandat de gestion, par l'intermédiaire auprès duquel il a été ouvert.

• Le taux d'intérêt

Les titres de capital et les titres de créances sont influencés indirectement par les taux d'intérêt à court terme et directement par les taux d'intérêt à long terme. Les taux courts sont fixés unilatéralement par les banques centrales en fonction des anticipations de hausse de prix et d'évolution de la valeur de la monnaie nationale par rapport aux autres devises. Ils se répercutent, en raison du maintien nécessaire de la hiérarchie normale des taux, sur les taux longs, déterminés sur le marché obligataire par confrontation de l'offre et de la demande.

Quand le taux d'intérêt à long terme évolue, la valeur de marché des obligations à taux fixe évolue dans le sens contraire : si le taux du marché à long terme augmente, le cours des obligations diminue ; inversement, si le taux du marché à long terme diminue, le cours des obligations augmente.

> **Exemple** : Une obligation d'une valeur nominale de 100 euros, émise à un taux d'intérêt fixe nominal de 4 %, donne un coupon annuel de 4 euros. Si, au moment où l'obligataire veut la vendre, des emprunts sont lancés à 5 %, l'acheteur exigera qu'elle lui rapporte aussi 5 %. Il n'acceptera donc de payer cette obligation que V = 80 euros (4/V = 5 %, d'où V = 4/0,05 = 80). V correspond à la valeur au pied du coupon. Il faut lui ajouter le montant du coupon couru.

Ainsi, une hausse des taux rend les obligations moins chères, ce qui conduit les épargnants à vendre leurs actions, donc à en faire baisser les cours, sauf si le taux de rendement des actions est au moins égal au taux d'intérêt des obligations. C'est la raison pour laquelle la baisse des actions n'est souvent que passagère car la diminution du cours des actions augmente leur rentabilité, ce qui constitue un signal d'achat et donc une hausse des cours. La situation est inverse dans le cas d'une baisse des taux.

Le raisonnement précédent ne s'applique pas aux obligations à taux variable : leur valeur de marché reste fixe puisque c'est leur rémunération qui suit l'évolution des taux.

2. Les facteurs propres au titre

Si l'on estime que le futur ne fait que reproduire le passé, il est possible d'anticiper les cours futurs d'un titre par des méthodes graphiques (également appelées méthodes chartistes ou techniques) : la forme de la tendance passée de ses cours ou des figures caractéristiques auxquelles elle conduit est prolongée.

Si l'on estime que chaque cours est le fruit d'une situation particulière, il faut utiliser l'analyse fondamentale qui prend en considération les éléments les plus importants déterminants, à partir de l'évolution de la situation d'un émetteur, les flux futurs (coupon et plus ou moins-value de cession) engendrés par l'une des catégories de ses titres.

L'évaluation d'une action diffère de l'évaluation d'une obligation.

• Évaluation d'une action

Pour apprécier le cours d'une action, il faut disposer d'informations suffisantes sur la société émettrice afin de la connaître.

La connaissance de la société

En raison de la transparence qu'elle nécessite, l'inscription sur un marché boursier oblige les émetteurs à informer en permanence le public. Pour les titres de capital, l'information intéresse le passé et est fournie soit lors de l'introduction en bourse avec la note visée par la Commission des opérations de bourse, soit de manière périodique avec la publication des comptes annuels (bilan, compte de résultat, annexe, dans les quatre mois de la clôture des comptes) et des rapports trimestriels d'activité. L'information porte aussi sur le futur avec la publication périodique des prévisions et la communication immédiate de tout événement important ayant vocation à peser sur les cours.

Tous ces renseignements permettent d'analyser l'entreprise aux niveaux de son activité (chiffre d'affaires, frais financiers...), sa structure financière (endettement, solvabilité...), sa rentabilité (résultat net comptable, résultat d'exploitation, capacité d'autofinancement...), sa politique de distribution de dividendes, sa potentialité d'acquisition d'autres sociétés ou, au contraire, son risque de devenir une cible d'achat.

L'appréciation du cours d'une action

Elle se fait, en particulier, par des méthodes qui capitalisent le résultat ou les dividendes prévus.

Définition : La capitalisation consiste à déterminer la valeur d'un capital à partir des revenus qu'il engendre.

Exemple : Un capital de 100 euros placé aujourd'hui à 3 % rapporte 3 euros. Inversement, l'obtention d'un revenu de 3 euros nécessite, pour un placement effectué à 3 %, un capital de 3/0,03 = 100 euros.

Ces méthodes conduisent à comparer les cours d'une action et les cours des sociétés du même secteur et du marché en général (méthode du *price earning ratio* et méthode du délai de recouvrement) ou à déterminer si le cours coté correspond au cours anticipé (méthode du taux de croissance constant des dividendes).

- **Méthode du price earning ratio**

Définition : Le *price earning ratio* (PER ou coefficient de capitalisation du résultat) est le rapport entre le cours (C) et le bénéfice (B) prévu par action : PER = C/B.

Exemple : Une action dont le cours est de 120 euros et pour laquelle on attend un bénéfice de 12 euros a un PER de 120/12 = 10.

- **Méthode du délai de recouvrement**

Définition : Le délai de recouvrement indique le nombre d'années nécessaires pour que la somme des bénéfices par action actualisés au taux d'intérêt d'un titre sans risque soit égale au cours de l'action.

En posant :

– C = le cours de l'action ;

– B = le dernier bénéfice connu ;

– g = le taux de croissance prévu du bénéfice ;

– i = le taux de rendement d'un titre sans risque (souvent une obligation d'État) ;

– n = le délai de recouvrement en années.

On obtient :

$$C = B \times \frac{\left(\frac{1+g}{1+i}\right)^{n} - 1}{\left(\frac{1+g}{1+i}\right) - 1}$$

Comme C/B est le PER, si l'on écrit :

$$\left(\frac{1+g}{1+i}\right) = A$$

on obtient :

$$n = \frac{\text{Log PER}\,(A-1)+1}{\text{Log A}}$$

> **Exemple** : Une action a un cours de 120 euros, un bénéfice de 12 euros. Le taux de croissance prévu de son bénéfice est de 8 % et le taux de rendement des obligations d'État est de 5 %. A est égal à (1 + 0,08)/(1 + 0,05) = 1,0286. Son délai de recouvrement est donc de :

$$n = \frac{\text{Log } 120/12\ (1{,}0286-1)+1}{\text{Log } 1{,}0286} = \frac{0{,}10924}{0{,}01225}$$

$= 8{,}92$ années

Avec les hypothèses retenues, le délai de recouvrement signifie qu'il faut 8,92 années, soit 8 ans et 11 mois à un épargnant pour retrouver sa mise initiale.

- **Méthode du taux de croissance des dividendes**

La méthode du taux de croissance constant des dividendes de Gordon et Shapiro estime que le cours (C) d'une action est égal à la capitalisation du rapport entre le dividende attendu (D) et la différence entre le taux de rendement (k) souhaité par les actionnaires et le taux constant de croissance (g) des dividendes : $C = D/k - g$.

> **Exemple** : Une société verse un dividende de 5 euros. Sachant que les actionnaires souhaitent un taux de rendement de 6 % et qu'ils s'attendent à une croissance annuelle constante des dividendes de 4 %, le cours de l'action devrait être de : 5/(0,06 – 0,04) = 250 euros. Si le cours actuel de l'action est inférieur à 250 euros, une potentialité d'achat existe.

L'évaluation d'une action doit également prendre en considération le risque qu'elle présente par rapport au risque général du marché. Ce risque systématique se mesure par le bêta (β).

> **Définition :** Le bêta d'une action est la sensibilité de son taux de rendement global par rapport au taux de rendement global du marché.

Si une action a un β supérieur à 1, cela signifie qu'elle est plus risquée que le marché : quand le marché varie de 1 %, l'action varie de plus de 1 %. Un titre sans risque (par exemple une obligation d'État comme l'obligation assimilable du Trésor en France) a un β nul.

- **Évaluation d'une obligation**

Les émetteurs (sauf l'État) de titres de créances informent le marché de leur situation de manière indirecte par la note, exprimée sous forme de lettres et rendue publique, qu'ils doivent obtenir des agences de notation du risque. Cette note permet de connaître leur capacité à faire face à leurs engagements : moins bonne est la note, plus le risque de non-remboursement est important et plus le taux d'intérêt est élevé.

Pour comparer deux obligations, deux concepts sont utilisables : la sensibilité et la duration.

La sensibilité

Définition : La sensibilité mesure la variation en pourcentage du cours d'un titre par rapport à une variation de 1 % du taux d'intérêt.

Comme le prix d'une obligation à taux fixe et le taux d'intérêt varient de manière inverse, la sensibilité est négative.

Exemple : Une sensibilité de – 1,5 signifie que le cours de l'obligation baisse de 1,5 % quand le taux d'intérêt augmente de 1 %.

La sensibilité est fonction de la durée de vie (la « maturité ») de l'obligation (plus la durée de vie est longue et plus les titres sont sensibles à une variation des taux), du taux d'intérêt nominal de l'obligation et du niveau du taux d'intérêt à long terme au moment du calcul.

La duration

Définition : La duration mesure la durée, en années, au bout de laquelle le rendement de l'obligation à l'échéance est exactement égal au rendement à l'achat.

La duration indique la vie moyenne des flux actualisés de l'obligation au taux du marché. Elle prend en compte l'effet de l'évolution du taux d'intérêt non seulement sur le cours de l'obligation, mais aussi sur le placement des intérêts reçus chaque année. Elle se calcule en tenant compte de la somme des durées pondérée par les valeurs actuelles de tous les flux.

Exemple : Une obligation de 1 000 euros, remboursable *in fine* dans 5 ans, est émise à un taux fixe de 5 %.

Années (1)	*Flux (2)*	*Flux actualisés (3)*	*Somme des durées pondérées (4) = (1) × (3)*
1	50	47,62	47,62
2	50	45,35	90,70
3	50	43,19	129,57
4	50	41,14	164,56
5	1 050	822,70	4 113,50
TOTAL	1 250	1 000	4 545,95

La duration est de 4 545,95/1 000 = 4,546 années, ce qui signifie que le montant initial de l'obligation exprimé à sa valeur actuelle sera totalement récupéré, intérêts et remboursements cumulés, dans 4,546 années.

La duration est d'autant plus longue que l'échéance est éloignée.

Il existe une relation entre la duration (D) et la sensibilité (S) :

$$D = S(1 + i)$$

avec i = le taux de rendement à l'origine.

Chapitre 3

Le contrôle de la cotation en bourse

Une bourse n'acquiert une notoriété suffisante pour attirer un grand nombre d'épargnants que si les informations à la base de la formation des cours, la cotation et les procédures de transfert des titres entre acheteurs et vendeurs répondent à la plus grande transparence et à une sécurité absolue. La nécessaire protection de l'épargne publique est à l'origine d'un strict encadrement institutionnel des marchés par des autorités de tutelle. Le contrôle des négociations boursières s'impose d'autant plus que les titres sont dématérialisés dans quasiment tous les pays du monde et que les transactions sont obligatoirement réalisées par des intermédiaires. En outre, de plus en plus de passeurs d'ordres interviennent sur de très importantes quantités de titres. Toutes les opérations effectuées sur les marchés réglementés font donc l'objet d'une surveillance minutieuse.

Ainsi, après avoir présenté les autorités de contrôle (section I), nous envisagerons les intervenants contrôlés (section II) et les principales opérations sur lesquelles un contrôle est exercé (section III).

I. LES AUTORITÉS DE CONTRÔLE

Depuis quelques années, le nombre des autorités de tutelle sur les marchés réglementés français a été réduit, pour se plier à la pratique des autres pays de l'Union économique européenne. On a ainsi assisté au regroupement des institutions contrôlant le marché boursier et des institutions contrôlant les marchés de produits dérivés. Il reste une autorité administrative, la Commission des opérations de bourse, une autorité professionnelle, le Conseil des marchés financiers, et une autorité de marché, Euronext SA.

1. La Commission des opérations de bourse (COB)

• Les objectifs assignés à la COB

La COB est une autorité administrative indépendante, sans personnalité morale, créée en 1967, dirigée par un collège de 9 membres désignés par les instances qu'ils représentent et d'un président nommé par décret. Elle est chargée de veiller :

– à la protection de l'épargne investie dans tous les placements donnant lieu à appel à l'épargne publique, en particulier dans les instruments financiers ;

> **Définition :** Les instruments financiers sont les titres de capital, les titres de créances, les titres des organismes de placement collectif, les contrats à terme.

> **Définition :** L'appel à l'épargne publique provient de la négociation sur un marché réglementé de valeurs mobilières ou de l'émission ou la cession de telles valeurs par l'intermédiaire de publicité, de démarchage, d'établissements de crédit ou de prestataires de services d'investissement.

– à l'information permanente des épargnants, qu'ils soient minoritaires ou majoritaires, pour assurer leur égal accès à la connaissance des émetteurs ;

– au bon fonctionnement des marchés d'instruments financiers et à la régularité des transactions qui s'y nouent.

Son action la plus visible réside dans le visa qu'elle donne à toutes les notes d'information requises des sociétés cotées sur leurs opérations financières. Le visa est une sorte d'autorisation administrative, pouvant être assorti d'un avertissement sur les résultats attendus de l'émetteur, mais ne porte aucun jugement sur le bien-fondé des opérations. Il indique simplement que les conditions juridiques de leur élaboration ont été respectées et que les informations contenues permettent une prise de décision motivée.

Le financement de la COB est assuré par les redevances, forfaitaires ou variables, versées par les utilisateurs de ses services : entreprises cotées (lors de l'émission de titres, de leur admission sur le marché, de leur rachat, des offres publiques, etc.), sociétés de gestion des organismes de placement collectif et institutions habilitées à exercer la gestion pour compte de tiers.

• **Les moyens d'action de la COB**

Si elle ne dispose pas de pouvoir juridictionnel, la COB est investie de trois pouvoirs importants :

– réglementaire dans des domaines particuliers comme l'information des émetteurs, la déontologie professionnelle des intermédiaires, les offres publiques. Elle émet également des instructions, des recommandations, des avis et des rescrits.

> **Définition :** Un rescrit est une consultation préalable à une opération demandée par un émetteur ou un intermédiaire.

La COB propose également des modifications des lois et règlements dans tous les domaines concernant les valeurs mobilières (information des épargnants, reconnaissance et fonctionnement des marchés, statut des intermédiaires). De plus, elle agrée les sociétés de gestion de portefeuille, y compris les sociétés de gestion des organismes de placement collectif en valeurs mobilières dont elle contrôle la réglementation et approuve les programmes d'activité ;

– de saisie des autorités judiciaires après avoir reçu des plaintes ou des pétitions, par exemple pour interrompre une opération. De même, elle est habilitée à former un recours devant les juridictions contre tout comportement irrégulier et son président peut agir au nom de l'État devant toutes les juridictions non pénales. Elle doit dénoncer aux autorités judiciaires tous les délits pénaux constatés ;

– d'enquête par des expertises, par la demande de communication de documents, par des perquisitions et des saisies. Par exemple, si elle constate des transactions anormales sur une valeur, elle peut entreprendre des opérations d'investigation auprès des intermédiaires à l'origine de ces transactions.

En cas d'infraction à sa réglementation, après un certain nombre d'injonctions, elle est habilitée à prononcer des sanctions disciplinaires ou pécuniaires.

Elle coopère de plus en plus fréquemment avec ses homologues étrangers, soit de manière bilatérale soit de manière multilatérale, par exemple dans le cadre du Comité européen des régulateurs des marchés de valeurs mobilières (CESR) ou de l'Organisation internationale des commissions de valeurs mobilières (OICV).

2. Le Conseil des marchés financiers (CMF)

Créé en 1996, le Conseil des marchés financiers est l'autorité professionnelle chargée de déterminer le cadre de fonctionnement des marchés réglementés. Ayant la personnalité morale, il est dirigé par un président élu par un collège de 16 membres (dont trois appartenant à des sociétés cotées) nommés après consultation des organisations professionnelles. Il dispose de pouvoirs réglementaires. Ainsi, son règlement général fixe, en particulier, les conditions :

– de reconnaissance des marchés réglementés, leurs principes généraux d'organisation et de fonctionnement : par exemple, il est habilité à suspendre les négociations sur les titres d'un émetteur ;

– de constitution, d'exercice et de bonne conduite des intermédiaires (par exemple pour la création et la gestion des fonds de garantie pour leurs clients) sur lesquels il exerce un pouvoir disciplinaire pouvant aller jusqu'à l'interdiction définitive d'exercice ;

– de délivrance et de retrait des cartes professionnelles aux personnes physiques agissant pour ces intermédiaires ;

– de recevabilité des offres publiques.

Son financement est assuré par les cotisations annuelles versées par les intermédiaires financiers, l'entreprise de marché Euronext SA et la chambre de compensation et par les commissions versées par les initiateurs d'offres publiques.

3. Euronext Paris SA

Euronext Paris SA est l'entreprise de marché qui gère la Bourse de Paris. Son nom a changé à plusieurs reprises au cours de la dernière décennie, au gré des modifications institutionnelles qui ont frappé les intermédiaires. Chambre des agents de change jusqu'en 1988, elle est alors devenue la Société des bourses françaises (SBF), puis SBF Bourse de Paris, ensuite ParisBourse SBF SA, avant de prendre son nom actuel. Euronext Paris SA est une filiale de Euronext NV, comme Euronext Amsterdam NV, Euronext Brussels SA/NV et Euronext Lisboa NV.

Elle est chargée d'assurer l'organisation, le fonctionnement quotidien et la sécurité de tous les marchés réglementés ainsi que la bonne information des épargnants. C'est ainsi qu'elle :

– en établit les règles qui doivent être approuvées par le Conseil des marchés financiers ;

– assure l'organisation et le dénouement des transactions (grâce au système unique de règlement – livraison RELIT +), l'enregistrement et la publicité des négociations, la diffusion des cours, le calcul des indices ;

– décide les suspensions temporaires de cotation ;

– prononce l'admission des membres et l'introduction des titres à la cote sous réserve du droit d'opposition de la Commission des opérations de bourse ;

– assure la compensation entre les membres du marché par l'intermédiaire de sa filiale à 100 %, la chambre de compensation (Clearnet et son logiciel Clearing 21) unique pour tous les compartiments réglementés (boursiers et dérivés) et le marché libre d'Euronext Paris et pour les trois bourses constituant Euronext.

II. LES INTERVENANTS CONTRÔLÉS

L'accès des acheteurs et des vendeurs à un marché réglementé n'est pas libre. Il est nécessaire de passer par des intermédiaires qui bénéficient du monopole sur les négociations de titres sur les marchés réglementés (sauf pour les cessions entre deux personnes physiques ou deux personnes morales lorsque l'une détient au moins 20 % du capital de l'autre). Les transactions effectuées en dehors du monopole sont nulles et sanctionnées pénalement.

La Directive européenne sur les sociétés d'investissement (DSI) a contraint les États de l'Union européenne à unifier leurs réglementations nationales. Désormais, sont membres du marché et habilités à y intervenir les prestataires de services d'investissement agréés (PSI). Ce sont, soit des établissements de crédit (essentiellement les banques), soit des entreprises d'investissement ayant reçu un agrément délivré par leur État membre d'origine pour fournir des services d'investissement puisque, avec le « passeport européen », les entreprises d'investissement habilitées dans un pays de l'Union européenne le sont automatiquement dans les autres pays.

Définition : Les services d'investissement consistent en la réception et la transmission d'ordres pour le compte de tiers, l'exécution d'ordres pour le compte de tiers, la négociation pour compte propre, la gestion de portefeuille pour le compte de tiers, la prise ferme, le placement, plus des services connexes, par exemple la location de coffres ou la fourniture de conseils financiers.

Les établissements de crédit étant régis par des autorités de tutelle bancaires, nous n'envisagerons ici que les entreprises d'investissement. Nous étudierons ensuite les organismes de placement collectif en valeurs mobilières en raison du rôle crucial qu'ils jouent sur la formation des cours des titres sur les marchés.

1. Les entreprises d'investissement

Les entreprises d'investissement sont définies à partir des métiers d'investissement qu'elles exercent. Obligatoirement constituées sous la forme de personnes morales, elles sont essentiellement composées des sociétés de bourse et des sociétés de gestion de portefeuille. Elles sont classées en différentes catégories.

• **Les sociétés de bourse**

Elles ont, en 1988, remplacé les agents de change. Très ancien puisqu'il remontait à 1724, le statut des agents de change ne répondait plus aux nécessités d'un marché financier moderne. En effet, personnes privées en tant qu'officiers ministériels, les agents de change ne disposaient pas des capitaux nécessaires pour supporter les besoins financiers nés :

– des conséquences du *big bang* de Londres de 1986 qui conduit à la libéralisation des courtages, donc à une concurrence sur les prix entre les intermédiaires ;

– de l'informatisation nécessaire de la profession en prévision de la mise en place de la cotation en continu ;

– de la mise en place de techniques assurant la liquidité des titres, en particulier les prêts de titres, les opérations de contrepartie et les contrats d'animation.

Définition : Une opération de contrepartie permet à un intermédiaire de traiter lui-même (« pour compte propre ») sur le marché ou directement avec un client, sans passer par le marché central, mais en en respectant les cours.

Définition : Un contrat d'animation conduit des membres du marché à s'engager à indiquer en permanence une fourchette de prix à l'intérieur de laquelle ils s'engagent à acheter ou à vendre une quantité minimale de titres.

Pour assurer la liquidité de chaque titre coté sur le Premier marché et le Deuxième marché, un spécialiste, membre du marché, est désigné par Euronext Paris SA.

Sur le Deuxième marché et le marché des *trackers*, le contrat d'animation s'appelle contrat de liquidité et le spécialiste groupement de liquidité. Sur le Nouveau marché et le marché des European Depositary Receipts, le contrat d'animation s'appelle contrat de tenue de marché et le spécialiste introducteur-teneur de marché ITM ou teneur de marché-arbitragiste TMA.

Les opérations de contrepartie sont surtout utilisées dans le cadre des contrats d'animation.

Les sociétés de bourse, agréées par Euronext SA, ont souvent comme actionnaires majoritaires des établissements de crédit dont la surface financière permet d'assurer toutes ces nouvelles contraintes.

- **Les sociétés de gestion de portefeuille**

Elles sont agréées par la Commission des opérations de bourse et gèrent des portefeuilles individuels ou collectifs, seulement pour le compte de tiers.

- **Les différentes catégories d'entreprises d'investissement**

Les entreprises d'investissement, adhérentes à Euronext Paris SA, se divisent en :

– négociateurs, chargés d'exécuter les ordres d'achat et de vente pour leur compte propre ou pour le compte de tiers. Ils peuvent être spécialisés sur une catégorie de titres (de capital, de créances, European Depositary Receipts). Les autres collecteurs d'ordres doivent leur transmettre les ordres. Les activités des négociateurs consistent à vérifier la cohérence de l'ensemble des ordres avec les règles du marché, à les saisir dans la feuille de marché, à les contrôler une fois saisis ;

– compensateurs, chargés d'assurer les opérations de règlement et de livraison. Teneurs de compte, ils doivent disposer de fonds propres minima. L'activité de compensation est simple (pour compte propre et pour le compte de clients) ou multiple (pour le compte de négociateurs puisque tout prestataire de services d'investissement peut ouvrir un compte chez un adhérent pour que celui-ci enregistre ses opérations et les mouvements de fonds correspondants). Cette activité est exercée séparément ou conjointement avec celle de négociateur.

La chambre de compensation des titres négociés sur tous les marchés réglementés composant Euronext s'appelle dorénavant Clearnet. C'est un établissement de crédit qui assure la garantie de bonne fin, c'est-à-dire prend à son compte, grâce à un système de mutualisation des risques, les conséquences de la défaillance financière de ses membres. Elle fixe les conditions d'adhésion et les règles de couverture que chaque adhérent doit verser et ajuster quotidiennement et effectue l'enregistrement des transactions qu'elle compense.

Le système de règlement-livraison de titres RELIT + permet de réaliser automatiquement le règlement et la livraison des instruments financiers.

2. Les Organismes de placement collectif en valeurs mobilières (OPCVM)

Comme leur nom l'indique, ces institutions gèrent de manière collective des valeurs mobilières acquises sur les marchés en contrepartie des fonds confiés par des épargnants qui deviennent ainsi des détenteurs indirects de titres de capital ou de créances. On distingue les sociétés d'investissement à capital variable (SICAV), sociétés anonymes et les fonds communs de placement (FCP), copropriété sans personnalité morale.

Les OPCVM présentent des caractéristiques générales et, sous leurs différentes formes, un grand attrait.

- **Caractéristiques générales**

Différences entre une SICAV et un FCP

Les OPCVM proposent eux-mêmes des valeurs mobilières, les SICAV des actions et les FCP des parts de copropriété. Au-delà des conséquences de cette différence juridique, un FCP s'oppose à une SICAV :

– par une taille plus petite (montant minimum à l'origine de 380 000 euros, aucun rachat de parts ne pouvant être effectué quand l'actif devient inférieur à 160 000 euros, contre 8 millions d'euros pour une SICAV, aucun rachat d'actions ne pouvant être effectué quand l'actif devient inférieur à 4 millions d'euros) ;

– une information moins fournie ;

– une valorisation moins fréquente.

Actif des OPCVM

L'actif des OPCVM est composé de valeurs mobilières : actions et titres dérivés, obligations et titres dérivés, bons de souscription, titres de créances négociables (TCN) à court terme, comme les billets de trésorerie ou les bons du Trésor en comptes-courants négociables, titres d'autres OPCVM. Les opérations réalisées sur les marchés dérivés donnent lieu à une réglementation très stricte.

Tous les titres d'un OPCVM sont conservés par un dépositaire et administrés par une société de gestion.

• **Attrait**

Les valeurs mobilières offertes par les OPCVM présentent de nombreux avantages :

– un montant unitaire suffisamment faible pour attirer des « petits porteurs », à un coût de gestion réduit puisque les achats et les ventes portent sur de grandes quantités de titres ;

– une adaptabilité aux besoins des épargnants. La création des « OPCVM monétaires » en fournit un bon exemple. En 1981, afin de pallier la nouvelle réglementation moins avantageuse sur la rémunération des dépôts à terme bancaires, sont créées des valeurs mobilières représentatives de titres à court terme, permettant de bénéficier de la rémunération de ces titres. Ces OPCVM connaissent un développement considérable à partir de 1987 avec la création des titres de créances négociables qui entrent dans leurs portefeuilles. De même, les épargnants peuvent choisir leur OPCVM en fonction du rendement qu'ils souhaitent obtenir et du risque qu'ils acceptent de prendre. En effet, la Commission des opérations de bourse oblige chaque OPCVM à informer le public de ses objectifs. Ainsi, des OPCVM sont plutôt spécialisés dans le versement régulier de revenus, d'autres dans la recherche de plus-values en capital ;

– une diversification des risques. L'importance des sommes gérées par les OPCVM leur ouvre la porte à l'acquisition de titres de multiples émetteurs, sur des marchés différents, et à l'utilisation de méthodes de couverture, toutes procédures auxquelles un épargnant agissant seul a difficilement accès. De plus, la gestion de titres par un OPCVM apparaît plus sûre puisqu'elle est le fait de professionnels des marchés financiers ;

– une grande liquidité. La cession peut intervenir sans préavis ni délai, le capital d'une SICAV variant chaque jour au gré des apports et retraits ;

– une information permanente sur leur valorisation puisque la « valeur liquidative », majorée des droits d'entrée ou diminuée des droits de sortie et des frais de gestion, est publiée chaque jour (ou au moins toutes les deux semaines si l'actif géré est inférieur à 80 millions d'euros) ;

> **Définition :** La valeur liquidative d'un titre d'OPCVM est égale au rapport entre la valeur de l'actif net de l'organisme et le nombre de titres en circulation.

– les actions de SICAV et les parts de FCP peuvent être cotées sur le marché boursier si les organismes gestionnaires s'engagent à intervenir pour éviter un écart de cours supérieur ou inférieur à 1,5 % de la valeur liquidative ;

– une fiscalité identique à celle imposée aux titres gérés individuellement. Cette fiscalité est devenue plus intéressante depuis que le revenu des OPCVM peut être « capitalisé », c'est-à-dire réinvesti dans de nouveaux titres, et non distribué afin d'être imposé sur les plus-values, seulement au moment du rachat, plutôt que sur le revenu chaque année. L'OPCVM est lui-même non imposable.

• Classification

Très encadrés par la Commission des opérations de bourse qui les agrée pour leur constitution, leur transformation éventuelle, leur liquidation, les OPCVM doivent répondre à un certain nombre de principes généraux. Ainsi, ils doivent publier une note d'information qui explique leurs objectifs, précise leurs frais de gestion, indique le degré minimum d'exposition au risque mesuré par la sensibilité de leur portefeuille, explique leurs techniques d'intervention, etc. Leur actif doit être constitué pour au moins 90 % de valeurs mobilières, mais « l'obligation de l'obligation », c'est-à-dire la détention minimum d'obligations quelle que soit la nature de l'OPCVM, n'existe plus.

Les OPCVM sont d'abord classés selon la nature des titres qu'ils gèrent :

– actions : français (s'ils sont composés d'au moins 60 % d'actions françaises), de pays de la zone euro (au moins 60 % d'actions de pays de la zone euro, y compris la France), ou internationaux (au moins 60 % d'actions d'un ou plusieurs pays étrangers non membres de la zone euro) ;

– obligations et autres titres de créances (l'exposition au risque action doit être inférieure à 10 %) : libellés en euro ou internationaux ;

– monétaires ayant pour référence un ou plusieurs indicateurs monétaires (de sensibilité comprise entre 0 et 0,5) européens ou à vocation internationale.

Ces OPCVM sont ensuite répartis en différentes catégories selon leurs caractéristiques :

– à vocation générale ou spécifique (par exemple par secteurs d'activité ou zones géographiques) ;

– garantis contre les aléas du marché ou assortis d'une protection (par exemple avec un taux de rendement ou un capital garanti) ;

– « nourriciers » dont l'actif est totalement composé d'un OPCVM « maître », ce qui permet de diversifier les titres de ce dernier.

– diversifiés comme :

- les Fonds communs de placement à risques (FCPR) investis dans des sociétés non cotées afin d'aider à leur financement. Deux exemples particuliers de FCPR sont fournis par les Fonds communs de placement à risques de fonds communs de placement à risques (FCPR de FCPR) et les Fonds communs de placement dans l'innovation (FCPI). Sous certaines conditions de durée de détention et de plafonnement, les titres détenus dans le cadre de ces FCP sont exonérés de l'impôt sur le revenu et de l'impôt sur les plus-values ;

- les Fonds communs d'intervention sur les marchés à terme (FCIMT) composés au maximum pour 50 % de contrats à terme et de contrats d'options et qui, en raison du risque qu'ils présentent, sont soumis à une stricte réglementation, en particulier en ne pouvant faire ni publicité ni démarchage ;

• les OPCVM à compartiments dont chacun représente un profil et une politique de gestion différents afin de permettre des arbitrages entre plusieurs catégories de titres ;

• les OPCVM d'OPCVM pour diversifier les risques ;

• les OPCVM indiciels dont l'objectif est de suivre l'évolution d'un indice soit parce que l'actif reproduit la composition de l'indice soit parce que c'est l'indice lui-même qui est directement géré grâce aux marchés dérivés, etc.

Les organismes de placement collectif sont devenus des acteurs déterminants sur le marché financier français. En effet, à la tête de capitaux considérables, ils deviennent de plus en plus puissants et l'ampleur de leurs achats et de leurs ventes est à l'origine d'une volatilité accrue des cours. De plus, leurs gestionnaires disposent souvent des mêmes modèles de prévision, ce qui les conduit à des prises de décisions identiques alors que, longtemps, la bourse des « petits porteurs » répondait aux caractéristiques d'un vrai marché concurrentiel. En effet, ces épargnants ont un comportement conforme à la loi des grands nombres : le nombre d'acheteurs anticipant une hausse des cours est proche du nombre de vendeurs anticipant une baisse des cours.

III. LES OPÉRATIONS CONTRÔLÉES

En charge de la protection de l'épargne publique, la Commission des opérations de bourse a mis en place des procédures pour que les opérations réalisées sur les marchés à la fois quotidiennement et exceptionnellement respectent la transparence et la sécurité nécessaires.

1. Le contrôle des opérations quotidiennes

Les transactions qui sont à l'origine de franchissements de seuil doivent être déclarées. En outre, aucune opération ne doit être le fait d'initiés ou donner lieu à manipulation de cours.

- **Les franchissements de seuil**

L'achat de titres sur le marché boursier n'a pas toujours comme objectif la réalisation d'un placement. Il peut également être effectué, au cours du marché, par une société dans le but de prendre le contrôle d'une autre société. Cette méthode, appelée « ramassage », est à l'origine de la réglementation sur les franchissements de seuil : tout détenteur d'actions d'une société doit rendre publics les pourcentages de dépassement de possession de titres ou de droits de vote d'une société que la loi a fixés (5 %, 10 %, 20 %, un tiers, 50 %, deux tiers), aussi bien à la hausse qu'à la baisse. Il en est de même pour tous les autres seuils (entre 0,5 % et 5 %) que la société a inscrits dans ses statuts.

Ces seuils sont calculés sur les actions détenues par un actionnaire seul ou par plusieurs actionnaires engagés dans une action de concert.

> **Définition :** Une action de concert provient d'un accord entre plusieurs personnes en vue d'acquérir ou de céder des droits de vote ou en vue d'exercer ces droits pour mettre en œuvre une politique commune vis-à-vis de la société concernée.

L'action de concert peut être rapprochée du pacte d'actionnaires qui doit être rendu public, mais dont l'objectif est différent.

> **Définition :** Un pacte est une convention conclue entre actionnaires afin de fixer des conditions préférentielles de cession ou d'acquisition d'actions.

En cas de non-déclaration d'un franchissement, en plus de sanctions pénales, les titres dépassant le seuil perdent leur droit de vote (comme dans le cas d'autocontrôle, c'est-à-dire quand une société assure son propre contrôle par l'intermédiaire de sociétés dont elle assure elle-même le contrôle) pendant les deux ans qui suivent la régularisation. Une action en nullité peut être engagée pour les décisions prises avant la découverte du franchissement. Une fois le franchissement constaté, la COB peut être amenée à demander le lancement d'une offre publique.

• **Le délit d'initié**

> **Définition :** Un initié est une personne qui détient une information privilégiée du fait de sa profession ou de sa fonction (par exemple un administrateur ou un dirigeant de la société, ses banquiers, ses analystes financiers).

Un « initié » ne peut profiter sur le marché d'une information privilégiée sur les perspectives ou la situation d'un émetteur avant qu'elle soit rendue publique. Il ne peut non plus la divulguer à une autre personne. Le délit d'initié est sanctionné pénalement et pécuniairement.

• **La manipulation de cours**

> **Définition :** La manipulation de cours consiste à exercer ou à tenter d'exercer directement ou par personne interposée une manœuvre ayant pour objet d'entraver le fonctionnement régulier d'un marché d'instruments financiers en induisant autrui en erreur.

La manipulation peut être le fait de rumeurs ou de divulgation de fausses ou de mauvaises informations. Le délit de manipulation de cours est sanctionné comme le délit d'initié.

2. Le contrôle des opérations exceptionnelles

À une époque où la concentration des entreprises constitue l'un des principaux moyens de leur croissance, la technique du « ramassage » est, souvent, le prélude à une opération plus conséquente, l'offre publique.

> **Définition :** Une offre publique est une procédure par laquelle une société fait savoir directement et publiquement qu'elle propose aux actionnaires d'une autre société de leur acheter (offre publique d'achat – OPA) ou de leur échanger (offre publique d'échange – OPE), leurs titres cotés sur un marché réglementé.

D'origine américaine, le système des plans d'options d'actions pour les salariés (*stock options plans*) se développe en France et fait l'objet d'une législation qui concerne les autorités boursières.

- **Les offres publiques**

La réglementation des offres publiques, tant amicales si les dirigeants de la société visée sont favorables à cette opération que sauvages en l'absence d'accord, est strictement définie afin d'assurer à la fois la transparence des opérations et la sécurité de tous les épargnants, en particulier les actionnaires minoritaires.

Les conditions financières proposées pour la cession ou l'échange des titres (contre les propres actions de l'initiateur ou, exceptionnellement, contre les actions de l'une de ses filiales) doivent être suffisamment attractives pour que les actionnaires sollicités acceptent l'opération qui est lancée.

L'annonce et le déroulement d'une offre font l'objet de dispositions précises. À l'issue d'une offre publique d'achat ou d'échange est souvent lancée une offre publique de retrait (OPR).

L'annonce du lancement d'une offre publique

L'initiateur doit présenter une demande au Conseil des marchés financiers par l'intermédiaire d'un prestataire de services d'investissement qui garantit l'opération. Il lui faut indiquer le nombre de titres qu'il détient déjà, le nombre de titres qu'il souhaite acquérir et en deçà duquel il renoncera à l'offre en considérant qu'elle aura échoué. Il doit, surtout, préciser son intention : soit prendre le contrôle de la société visée soit simplement en prendre une participation. Dans le premier cas, l'offre dont la durée va de 25 à 35 jours est dite normale et doit porter sur la totalité des titres de capital de la cible. Dans le second cas, l'offre est dite simplifiée et intervient si l'acquéreur détient déjà plus de 50 % des titres ou s'il n'en vise qu'un maximum de 10 %.

L'initiateur peut proposer, gratuitement, aux actionnaires de la société visée des certificats de valeur garantie (CVG), d'une durée maximum de deux ans. Ces valeurs mobilières, titres de créances négociables, lui permettent de payer à crédit les titres qu'il achète, donc de ne pas trop grever sa trésorerie, en garantissant à leurs détenteurs le prix de l'offre, même si le cours des actions baisse ensuite sur le marché.

Le Conseil des marchés financiers contrôle les informations fournies (auxquelles la Commission des opérations de bourse doit apporter son visa) et se prononce sur la recevabilité du prix ou de la parité d'échange proposé. Une fois le Conseil saisi, son président peut demander à Euronext Paris SA de suspendre les cotations de la société visée, au maximum pendant 5 jours, jusqu'à ce que le lancement de l'offre soit accepté.

Le lancement d'une offre est obligatoire, sur la totalité du capital, quand un actionnaire, agissant seul ou de concert, détient plus du tiers des titres de capital ou des droits de vote. La seule exception concerne une détention temporaire d'au maximum 6 mois et pour une détention maximum supérieure à 3 % par rapport au tiers. Dans ce cas, les droits de vote pour les actions dépassant le seuil du tiers ne peuvent être exercés.

Le déroulement d'une offre publique

Pendant toute la durée des offres, l'achat de titres sur le marché pour renforcer un autocontrôle est interdit, de même que toutes les opérations de contreparties sur blocs de titres puisque les négociations ne doivent être réalisées que sur le marché. En cas d'offre d'échange, aucune opération sur les titres de la société cible ne peut intervenir.

Des surenchères sont autorisées par l'initiateur ou par des concurrents (au moins 5 jours avant la date de clôture de l'offre) soit sur le prix (au minimum 2 %) soit sur le pourcentage annoncé pour que l'offre soit considérée comme réussie. Le délai de 25 à 35 jours repart après chaque offre concurrente. Au bout de 10 semaines, le Conseil des marchés financiers décide qu'il s'agit de la dernière surenchère.

Le résultat de l'offre est donné par le CMF au maximum 9 jours après sa clôture. S'il se solde par un échec, les ordres de vente donnés par les actionnaires sont annulés.

L'offre publique de retrait

Définition : Une offre publique de retrait est la procédure qui permet aux actionnaires minoritaires de céder leurs titres.

Réalisée lorsqu'un actionnaire majoritaire détient au moins 95 % des droits de vote de la société visée, sous forme d'un achat ou d'un échange, l'offre publique de retrait consiste à demander le rachat de la totalité de ses actions, afin de les retirer de la cotation sur le marché. L'offre est lancée à l'initiative de l'actionnaire majoritaire ou de tout actionnaire minoritaire. Cette mesure de protection des actionnaires minoritaires est souvent complétée par un retrait obligatoire.

Nécessairement précédé d'une offre publique de retrait, le retrait obligatoire est exigé par l'actionnaire majoritaire à plus de 95 % pour contraindre les minoritaires à vendre leurs titres, au minimum au prix de l'OPR.

- **Les plans d'options d'actions pour les salariés**

En provenance des États-Unis, ce système avait pour objectif, à l'origine, d'attirer, puis de retenir, des cadres vers les nouvelles entreprises de la Silicon Valley disposant de trop peu de ressources pour les payer à leur valeur. Ces salariés se voyaient promettre une sorte de surplus de rémunération dans le futur en obtenant des actions de leur société à des conditions avantageuses, dans l'espoir d'une hausse du cours des titres.

Ce système a été introduit en France, d'abord par des entreprises de même type, puis par des grandes sociétés essentiellement pour leurs cadres dirigeants, mais aussi, de plus en plus, pour l'ensemble de leurs salariés. Les *stock-options* ne sont pas réservées aux seules sociétés cotées en bourse puisque toute société de capitaux, même non cotée, peut en offrir.

Les différents mécanismes des *stock-options* expliquent les conditions juridiques et financières de leur octroi, les conditions de leur levée et leur fiscalité.

Les différents mécanismes des plans d'options sur actions

Depuis un quart de siècle se développent en France des pratiques salariales comme l'intéressement, la participation, les plans d'épargne-entreprise ou plans d'épargne-groupe. Dans ces différentes formules, la part réservée aux actions de l'entreprise concernée est faible (même dans les fonds communs de placement d'entreprise – FCPE).

Il a donc été créé des formules d'actionnariat dans lesquelles seules sont intégrées les actions de la société : la souscription d'achat d'actions réservées aux salariés et les plans d'actions pour les salariés.

Définition : Le système de la souscription d'achat d'actions réservées aux salariés consiste, pour l'entreprise, à réaliser une augmentation de capital à laquelle tous les salariés ayant une certaine ancienneté peuvent souscrire.

Définition : Le système des plans d'actions pour les salariés permet à des salariés désignés de souscrire ou d'acheter des actions à un prix déterminé, dans un délai fixé et bénéficiant d'un certain nombre d'avantages fiscaux.

Les plans d'actions se divisent en options de souscription qui entraînent une augmentation de capital si les salariés lèvent leurs options et en options d'achat qui donnent lieu à l'achat d'actions que la société détient sur elle-même dans la limite de 10 % de son capital. Dans le premier cas, la société reçoit des fonds, mais court le risque de dilution du capital qui peut être dangereux dans des petites sociétés tandis que dans le second cas, il ne s'agit que d'un remboursement pour la société des titres qu'elle a, déjà, nécessairement achetés, car les actions doivent être détenues avant la décision d'accorder les options. La société court, alors, un risque de perte si la valeur de l'action baisse puisque les salariés n'exerceront pas leur droit.

Les conditions juridiques d'octroi des plans d'options sur actions

La décision d'accorder des plans d'options d'actions provient de l'assemblée générale extraordinaire qui demande au conseil d'administration ou au directoire de lui faire des propositions qu'elle entérinera.

La Commission des opérations de bourse n'exerce pas de contrôle direct sur ces plans, mais l'information doit être fournie dans tous les documents qui lui seront remis (nombre global d'actions octroyées, prix et période d'exercice, identité et nombre d'options détenues par les mandataires sociaux et les dix plus importants salariés bénéficiaires).

Les dirigeants sociaux (président directeur général, directeur général, gérant de société en commandite par actions) peuvent, en effet, recevoir des *stock-options* sauf s'ils détiennent (comme tout salarié) plus de 10 % du capital au moment de l'attribution des options. De plus, les options non levées détenues par un seul bénéficiaire ne doivent pas représenter plus du tiers du capital.

Dans le cas d'options de souscription d'actions, les actionnaires en place doivent renoncer au droit préférentiel de souscription au moment où les options sont exercées. S'il existe des obligations convertibles, leurs détenteurs doivent avoir donné leur accord.

Les conditions financières d'octroi des plans d'options sur actions

Les *stock-options* donnent droit à l'obtention des trois formes de titres de capital : des actions « normales », des actions à dividende prioritaire sans droit de vote, des certificats d'investissement.

La question principale de l'octroi des options concerne la détermination du prix d'exercice, c'est-à-dire de la valeur à laquelle sera exercé le droit et, donc, seront payés les titres au moment de la levée de l'option. Le calcul est plus facile dans les sociétés cotées en bourse où un cours objectif, même s'il est discutable, existe, que dans les sociétés non cotées où l'évaluation ne peut être que subjective et susceptible d'un recours pour une requalification éventuelle sous forme de salaire.

Pour les entreprises cotées, le prix d'exercice est fixé le jour où l'option est consentie. Il ne peut être inférieur à 80 % de la moyenne des cours des vingt séances de bourse précédant ce jour. La société a le droit de consentir une décote de 20 % mais, seuls les premiers 5 % ne sont pas considérés comme un sursalaire, le dépassement de ce seuil conduisant à une imposition comme salaire dès la levée de l'option pour le bénéficiaire et à un paiement de contributions et de cotisations sociales pour l'entreprise.

Les options ne peuvent être consenties moins de vingt séances de bourse après le détachement du coupon ou après une augmentation de capital car les cours ne correspondent pas, alors, à leur valeur habituelle et le calcul du prix d'exercice serait trop complexe.

Le prix d'exercice n'est pas modifiable, sauf en cas d'opérations financières particulières pendant la durée de l'option (augmentation de capital en numéraire, distribution de réserves, émission d'obligations convertibles ou baisse du capital pour apurement des pertes).

Les conditions de levée des options

Les salariés n'ont pas l'obligation de lever leur option. Ils utilisent ce droit si le cours de l'action au moment de la levée est supérieur au prix d'exercice. La levée est facultative et peut être réalisée en partie ou totalement. Jusqu'à la levée de l'option, les droits afférents aux actions sont incessibles.

S'il s'agit d'un plan d'options de souscription d'actions, l'augmentation de capital a lieu à mesure de la levée. En général, l'intégralité du capital est libérée en une fois. Tous les droits des actions apparaissent dès la levée (par exemple le salarié reçoit la totalité du dividende d'une année lorsque celui-ci est payé après la levée de l'option). Une fois devenus actionnaires, les salariés entrent dans la catégorie des initiés.

La levée de l'option est possible même en cas de départ du salarié de la société, sauf si une disposition contraire est stipulée. En cas de décès, les héritiers ont six mois pour lever l'option.

Des conditions d'exercice particulières peuvent être fixées : réalisation d'un objectif économique (par exemple atteindre un certain chiffre d'affaires ou un certain résultat), être salarié au moment de la levée de l'option, conserver l'option pendant un délai minimum, ne pas vendre pendant un certain temps les actions provenant des options, etc.

Sauf précision contraire, les actions obtenues sont immédiatement négociables, mais les salariés attendent, en général, le délai fixé pour bénéficier de l'avantage fiscal. Les actions obtenues ne sont pas éligibles à un plan d'épargne en actions.

Le régime fiscal des plans d'options sur actions

Deux types de plus-values sont imposés : la plus-value d'acquisition obtenue lors de la levée de l'option (différence entre la valeur de l'action à la date de levée de l'option et le prix d'exercice) et la plus-value de cession obtenue lors de la vente des actions (différence entre le prix de cession et la valeur de l'action à la date de levée de l'option).

Pour les plans accordés avant le 27 avril 2000, la plus-value d'acquisition est taxée :

– selon le régime des plus-values à 40 % (dont 10 % de prélèvements sociaux) si les actions levées sont nominatives et cédées après 5 ans (les actions peuvent être négociées avant les 5 ans en cas de licenciement, de mise à la retraite, d'invalidité, de décès) ;

– selon le régime des salaires dans les autres cas. La plus-value de cession est taxée au taux habituel des plus-values à 26 % (dont 10 % de prélèvements sociaux).

Pour les plans accordés après le 27 avril 2000, la plus-value d'acquisition est taxée :

– selon le régime des plus-values à 40 % si les actions levées sont débloquées après 4 ans (donc à partir de 2004) et cédées avant deux ans pour les plus-values inférieures à 150 000 euros et à 50 % pour les plus-values supérieures à 150 000 euros ;

– selon le régime des plus-values à 26 % si les actions levées sont débloquées après 4 ans et cédées après 2 ans pour les plus-values inférieures à 150 000 euros et à 40 % pour les plus-values supérieures à 150 000 euros. L'imposition à 26 % est calquée sur celle des bons de souscription de parts de créateurs d'entreprises, titres non cessibles, susceptibles d'être crées dans toutes les entreprises crées depuis moins de 15 ans ;

– selon le régime des salaires dans les autres cas.

Pour la société, toutes les moins-values subies lors de la levée des options sont déductibles.

Chapitre 4

La couverture de la cotation en bourse

Le développement des opérations réalisées sur les marchés financiers accroît a pour corollaire la volatilité des prix des instruments qui y sont cotés. Aussi, les intervenants sont-ils de plus en plus soumis à des risques de pertes qu'ils cherchent à limiter en utilisant des méthodes de couverture.

Celles-ci ne sont jamais proposées par les compagnies d'assurances. En effet, ces organismes ne couvrent que des risques indépendants les uns des autres. Or, les risques entraînés par les fluctuations des prix en général et des instruments financiers en particulier sont dépendants les uns des autres : par exemple, si le cours des actions d'une société diminue pour un épargnant, il diminue pour tous les épargnants.

Définition : Un risque est indépendant si, quand il atteint une personne, il n'atteint pas nécessairement une autre personne (par exemple le risque d'accident automobile).

Définition : Un risque est dépendant si, lorsqu'il survient, il frappe l'ensemble d'une population.

Depuis longtemps, pour pallier la non-intervention des compagnies d'assurance, les banques proposent des opérations de couverture de gré à gré à leurs clients. Mais, d'une part, leur offre est limitée puisqu'elle ne porte que sur les devises et les taux d'intérêt et jamais sur les actions et les indices boursiers et, d'autre part, les coûts qu'elles imposent sont élevés. Ces deux inconvénients ont conduit à la création de marchés de couverture d'instruments financiers, les marchés dérivés.

Il existe en France deux marchés dérivés, le Marché à terme international de France – MATIF et le Marché des options négociables de Paris – MONEP. Tous deux marchés réglementés dépendant d'Euronext, ils font partie du réseau mondial des marchés dérivés GLOBEX avec les marchés CME de Chicago, SGX de Singapour, BME de Buenos Aires et ME de Montréal. De plus, début 2002, Euronext (qui a traité 398 millions de contrats en 2001) a racheté le LIFFE (London International Financial Futures and Options Exchange) marché dérivé anglais des taux d'intérêt (216 millions de contrats négociés en 2001). En effet, l'avènement de l'euro, en conduisant à l'unification des taux à court terme, a diminué le nombre de taux d'intérêt des pays de la zone euro et a rendu nécessaire le regroupement des marchés proposant la couverture des mêmes taux. La fusion Euronext-LIFFE permet également de réaliser les économies d'échelle indispensables pour réduire les coûts de négociation et concurrencer Eurex, le marché dérivé provenant de la fusion des marchés de Francfort et de Zurich (674 millions de contrats échangés en 2001).

Après avoir étudié les marchés à terme (section I), nous présenterons les marchés d'options négociables (section II).

I. LES MARCHÉS À TERME D'INSTRUMENTS FINANCIERS

Le principe des marchés à terme est ancien : il remonte à l'Antiquité pour les produits agricoles et à la création des bourses pour les valeurs mobilières. Mais le modèle des marchés à terme modernes est le marché à terme des céréales, plus particulièrement du blé, conçu pour empêcher la poursuite des faillites dues aux excédents de récolte consécutifs à une météorologie exceptionnelle, pendant trois étés consécutifs au milieu du XIXe siècle, dans la région de Chicago.

Les marchés à terme de matières premières sont des bourses organisées sur lesquelles se déroulent des opérations d'achat et de vente de contrats (et non des matières elles-mêmes) représentatifs des matières à une échéance déterminée et à un prix négocié, sur un marché, le jour de la transaction. À l'échéance, deux possibilités sont offertes aux opérateurs. La première est d'honorer le contrat par livraison physique de la matière par l'acheteur du contrat au vendeur qui, en contrepartie, règle la somme due. La seconde est d'annuler le contrat par une opération inverse, l'achat du contrat étant compensé par une vente et la vente par un achat. Dans la plupart des cas, c'est la deuxième solution qui est retenue, ce qui implique que l'opération se résume simplement en la prise en compte de la différence entre le cours de vente et le cours d'achat, favorisant ainsi le rôle de couverture de ces marchés.

D'abord réservées aux agriculteurs et aux négociants pour s'assurer du résultat financier de la vente de leur récolte avant que celle-ci ne soit produite, les opérations intéressent rapidement des opérateurs financiers qui y voient une opportunité pour diversifier leur portefeuille et pour réaliser des profits substantiels. De très nombreux produits agricoles et matières premières sont alors cotés de la même façon dans les bourses de commerce américaines, puis européennes. En France, la loi qui rend licites les opérations à terme date du 28 mars 1885. Elle officialise, en les sécurisant, les négociations à terme sur les actions, interdites aux agents de change, mais réalisées, de manière illégale, par les coulissiers.

L'utilisation des transactions à terme sur les autres instruments financiers est beaucoup plus récente. En effet, pour que de telles opérations existent, il faut que ces instruments soient susceptibles de subir des variations de cours suffisamment importantes pour que des entreprises éprouvent le besoin de se prémunir contre des pertes et que des spéculateurs espèrent en retirer un gain potentiel.

Les marchés à terme d'instruments financiers sont donc naturellement nés lorsque la situation économique portait en elle les germes de fluctuations importantes des cours des produits financiers. Deux doubles événements se trouvent plus particulièrement à l'origine de la création de ces marchés :

– la décision, en 1971, des autorités américaines de ne plus assurer la conversion du dollar en or et l'acceptation généralisée, en 1973, des changes flottants. La situation engendrée par ces deux faits est à l'origine de fluctuations des taux de change et, donc, de la nécessité de création de marchés à terme de devises ;

– l'augmentation du prix du pétrole et le choix, en 1979, du Federal Reserve Board américain de pratiquer une politique monétaire basée sur le contrôle de la quantité de monnaie, c'est-à-dire en laissant les taux d'intérêt varier librement.

Ces deux décisions sont à la base de mouvements erratiques des taux d'intérêt et, donc, de la nécessité de création de marchés à terme de taux d'intérêt.

Ce bref rappel historique a le mérite d'expliquer pourquoi les marchés à terme, d'abord de produits agricoles puis d'instruments financiers, sont nés aux États-Unis à la fois sur les devises et sur les taux d'intérêt, éléments soumis à des variations imprévisibles et donc traités de manière très active sur les marchés à terme. Il en est aujourd'hui de même des actions et de certains indices boursiers, en raison des caractéristiques qu'ils présentent, particulièrement adaptées à des opérations à terme : ce sont des instruments totalement dématérialisés, cotés en continu, à la base d'un coût de stockage négligeable et dont la médiatisation nécessite que les gestionnaires de portefeuille parviennent à une performance qui leur est au moins égale.

Cet ouvrage ne portant que sur les marchés financiers, nous n'envisagerons pas les opérations à terme sur les marchandises et sur les devises. Ces dernières relèvent, au comptant, d'un marché interbancaire, le marché des changes et les opérations à terme les concernant n'ont toujours existé en France que de gré à gré. De même, nous avons déjà évoqué les opérations à terme sur les actions françaises avec le service de règlement différé et qui ne constitue qu'un élargissement des opérations au comptant du Premier marché, sans constituer un véritable marché à terme.

Après avoir présenté les principes généraux de fonctionnement de ces marchés qui s'appliquent quels que soient les instruments cotés, nous ne nous intéresserons qu'aux particularités des marchés à terme qui fonctionnent en France, sur les indices boursiers, sur les taux d'intérêt à court terme et sur les taux d'intérêt à long terme.

1. Les principes généraux de fonctionnement des marchés à terme

Même si les opérations à terme ne portent pas, en France, sur les actions, nous illustrerons nos exemples chiffrés par ces titres, en raison de la simplicité de leurs transactions.

• Les opérations

Le principe des marchés à terme repose sur le fait que la transaction nouée n'entraîne un paiement et une livraison que dans le futur. Les intervenants se positionnent donc en fonction de leur anticipation sur l'évolution du cours du produit considéré :

– l'acheteur paye son acquisition à l'échéance au prix fixé lors de la négociation. Il espère donc que le cours va augmenter pour revendre alors plus cher : on dit qu'il est haussier ;

> **Exemple :** Un épargnant achète le 8 janvier, sur un marché à terme, à échéance mars, des contrats d'actions A au cours de 75 euros dans l'espoir d'une hausse du prix.

– le vendeur « livre » le produit ou le titre à une certaine échéance au prix fixé lors de la négociation. Il espère donc que le cours va diminuer pour acheter alors moins cher ce qu'il va apporter : on dit qu'il est baissier. En effet, à l'opposé d'un vendeur au comptant, un vendeur à terme peut ne pas posséder le produit qu'il vend au moment de la transaction, il lui faut simplement être capable de le détenir à l'échéance.

> **Exemple :** Un épargnant vend le 8 janvier, sur un marché à terme, à échéance mars, des contrats d'actions A au cours de 75 euros dans l'espoir d'une baisse du prix.

• Conditions d'existence

Sur les marchés à terme, ce ne sont pas les produits couverts (les « actifs sous-jacents ») qui circulent, mais des papiers (les « contrats ») représentatifs de ces actifs.

> **Définition :** Un actif sous-jacent est le produit ou le titre sur lequel porte une opération à terme.

Trois conditions essentielles sont à la base de l'existence de marchés à terme :

– des actifs sous-jacents fongibles. Sur un marché à terme, le dénouement de la négociation a lieu dans le futur et peut donner lieu à livraison de l'actif sous-jacent. Les actifs sous-jacents doivent donc être fongibles, c'est-à-dire ne pas être individualisables. Ainsi, il n'existe jamais de marchés à terme sur des produits identifiables par des marques ;

– des prix libres et fluctuants. Il faut que les prix du sous-jacent soient non seulement volatils, mais soient fixés sans entrave. Aucune barrière ne doit donc exister, ni institutionnelle (exemples de la politique agricole commune qui élimine la nécessité de marchés dérivés sur les produits agricoles en Europe puisque les prix sont fixés avant même le début de la campagne ou de la politique monétaire basée sur des interventions autres qu'économiques de la Banque centrale européenne sur certains taux d'intérêt) ni économique (exemple de prix sur une matière première vendue par un cartel de pays ou sur produit vendu par une entreprise exerçant sur lui un monopole) ;

– la présence d'opérateurs financiers. Les entreprises qui veulent se couvrir contre les fluctuations des cours d'un actif désirent seulement s'assurer d'un résultat, quelle que soit l'évolution du cours du sous-jacent. Pour ce faire, elles prennent sur le marché à terme une position inverse de celle qu'elles doivent assumer sur leur marché commercial, sans chercher à réaliser un profit supplémentaire. Mais, la plupart du temps, disposant toutes des mêmes informations, elles font toutes les mêmes anticipations sur l'évolution du prix du sous-jacent qu'elles veulent couvrir, empêchant la formation d'un prix d'équilibre. Si l'une est acheteuse, toutes ont tendance à l'être. Or, il est indispensable que tout opérateur trouve, à tout moment, une contrepartie. Aussi, pour que des transactions puissent être nouées, il faut que des spéculateurs acceptent de se faire transférer le risque, donc de jouer le rôle d'assureurs, en prévoyant une évolution inverse des cours : ces spéculateurs réalisent des opérations « sèches ». Opérateurs à la base de l'efficience et de la liquidité du marché, les spéculateurs utilisent ces marchés afin de diversifier leur portefeuille et de bénéficier de l'effet de levier auquel les transactions donnent naissance.

• Différences avec les opérations de gré à gré

Les transactions à terme commencent toujours par être réalisées de gré à gré, le plus souvent entre une entreprise qui désire se couvrir et une banque qui accepte de supporter son risque. Quand de plus en plus d'entreprises veulent se couvrir, les opérations sont transférées sur des marchés sur lesquels le nombre important de spéculateurs permet de répondre à leur demande.

Sur un marché à terme, les opérations sont standardisées, négociables grâce à des intermédiaires et sécurisées par une chambre de compensation.

La standardisation des contrats

Dans les opérations de gré à gré, les banques adaptent leurs contrats au besoin précis de chaque demandeur. En revanche, sur les marchés organisés, c'est l'agent souhaitant se couvrir qui doit s'adapter aux trois critères standardisés des contrats proposés : leur nature, car il n'existe des contrats que sur quelques actifs sous-jacents ; la valeur nominale uniforme de chaque contrat ; leurs échéances déterminées (soit mensuelles, soit trimestrielles, le dernier mois de chaque trimestre mars, juin, septembre, décembre). Ainsi, un opérateur qui voudrait, en janvier, se couvrir contre la baisse de l'indice boursier SBF 120 sur sept mois ne pourrait pas le faire sur un marché organisé car aucun contrat n'est coté sur cet indice ni sur cette échéance. Il lui faut passer par une couverture intermédiaire par le CAC 40 sur une échéance qui existe. En contrepartie de cette standardisation, le coût d'une opération sur un marché organisé est moindre que celui d'une opération de gré à gré.

La négociabilité des contrats

Dans les opérations de gré à gré, il faut attendre l'échéance pour mettre fin à son engagement. Il n'en est pas de même sur les marchés dérivés organisés sur lesquels les titres émis sont négociables à tout moment (ce qui n'est pas toujours le cas, comme nous le verrons, pour la livraison).

La présence d'intermédiaires

En France, ces intermédiaires les « adhérents », habilités à négocier sur le marché pour le compte de leurs clients (« adhérents négociateurs » qui sont des entreprises d'investissement ou des établissements de crédit agréés) ou pour eux-mêmes (« négociateurs pour compte propre » qui ne sont pas des prestataires de services d'investissement et qui doivent être parrainés par des adhérents compensateurs). Certains font office de teneurs de marché pour assurer la liquidité des transactions : ils affichent en permanence une fourchette de prix achat-vente et la quantité maximum de contrats qu'ils sont prêts à négocier. Il existe également des « adhérents compensateurs » qui enregistrent les opérations pour eux-mêmes et pour des négociateurs non compensateurs et en garantissent la bonne fin. Tous doivent détenir des capitaux propres minima pour assurer la sécurité des opérations qu'ils réalisent (par exemple de 7,5 millions d'euros à 37,5 millions d'euros pour les adhérents compensateurs en fonction du nombre d'autres adhérents qu'ils compensent).

L'existence d'une chambre de compensation

La bonne fin d'une opération de gré à gré repose sur l'honnêteté des deux parties. Si l'une ne respecte pas son engagement, l'autre n'a d'autre recours que judiciaire. Sur un marché organisé, existe une chambre de compensation dont le rôle est multiple :

– elle reçoit le montant de la couverture versée par les opérateurs (dépôt de garantie et appels de marge) ;

– elle suspend temporairement les opérations en cas de variations trop importantes des cours ;

– elle assure la gestion administrative et comptable des transactions ;

– elle habilite les adhérents ;

– elle fixe la liste des actifs sous-jacents qui peuvent être livrés pour chaque contrat ;

– elle est la contrepartie et de l'acheteur et du vendeur, ce qui lui permet d'assurer la sécurité financière des opérations en se substituant à un intervenant défaillant, quitte ensuite à se retourner contre lui.

• **Le dépôt de garantie et les appels de marge**

Un intervenant sur le marché à terme ne paie pas la totalité de la valeur de son contrat. Il ne verse à la chambre de compensation (par l'intermédiaire de l'adhérent qui s'occupe de ses opérations) qu'un dépôt de garantie forfaitaire, variable selon la nature des contrats, mais toujours faible, ce qui explique l'effet de levier de ce type de marché.

Le principe du montant du dépôt de garantie est que tout opérateur doit toujours avoir une couverture correspondant à la perte maximum qu'il est susceptible d'encourir lors de la séance suivante, c'est-à-dire lui permettant de liquider son contrat dans l'hypothèse la plus mauvaise pour lui. C'est la raison pour laquelle si l'évolution du cours sur le marché à terme lui est défavorable, l'opérateur doit répondre, chaque jour, aux appels de marge pour couvrir sa perte, à défaut de quoi sa position est liquidée et financée par le dépôt de garantie initial et les précédentes marges. L'appel de marge est calculé sur le « cours de compensation » fixé, à la clôture des cotations, par l'autorité de marché, pour chaque échéance de chaque contrat, sur la base des derniers cours cotés. Si son résultat s'améliore ensuite, les appels de marge sont restitués à l'opérateur.

• **La base**

La base est l'une des raisons de l'imperfection de la couverture sur un marché à terme.

> **Définition :** La base est la différence entre le prix à terme du contrat sur lequel porte le sous-jacent et le prix au comptant du sous-jacent. Si la différence est positive, la base est un report ; si elle est négative, la base est un déport.

La base est fonction de plusieurs variables : le prix au comptant du sous-jacent, les possibilités de livraison des titres représentatifs du contrat, le laps de temps restant à courir jusqu'à l'échéance. À l'échéance, la base est nulle, le prix à terme étant égal au prix au comptant.

Il existe des modèles théoriques qui donnent l'évaluation de la base et qui expliquent la présence des « arbitragistes » cherchant, tout au long des cotations, à profiter des écarts entre valeurs effectives et valeurs théoriques de la base.

Les arbitragistes sont des spéculateurs qui interviennent pour profiter de l'irrationalité des cours et, donc, du comportement de la base. L'arbitrage peut porter sur :

– des opérations sur des échéances différentes avec, par exemple, l'achat d'un contrat à échéance courte et la vente d'un même contrat à échéance longue en cas d'anticipation de hausse de cours. En effet, la baisse prévue d'un prix conduit à une hausse supérieure du contrat à échéance proche qu'à celle du contrat à échéance éloignée, et inversement, dans l'hypothèse d'une anticipation de baisse des prix avec la vente d'un contrat à échéance courte et l'achat d'un contrat à échéance longue ;

– des opérations sur des marchés différents avec, par exemple, d'une part un achat au comptant du sous-jacent et d'autre part une vente à terme d'un contrat portant sur ce sous-jacent ;

– des opérations inverses d'achats et de ventes de contrats au cours d'une même journée ;

– des opérations sur des contrats différents.

• **Le dénouement des opérations**

Les opérations peuvent être dénouées de deux manières :

– l'annulation de la position initiale : en raison de sa négociabilité, à tout instant, jusqu'à l'échéance, un contrat acheté peut être revendu tandis qu'un contrat vendu peut être racheté. Le gain résultant de la différence entre le cours de vente et le cours d'achat est alors encaissé ou la perte payée.

Exemple : Un épargnant qui a un contrat d'actions A au cours de 75 euros peut le revendre, jusqu'à l'échéance : s'il le revend quand l'action vaut 81 euros alors qu'il s'était engagé à l'acheter 75 euros, il gagnera 81 euros – 75 euros = 6 euros par action. Si le cours est à 71 euros, il perdra 75 euros – 71 euros = 4 euros par action. L'épargnant qui a vendu le contrat d'actions A au cours de 75 euros peut le racheter, jusqu'à l'échéance : s'il le rachète quand l'action vaut 81 euros alors qu'il s'était engagé à la vendre 75 euros, il perdra 81 euros – 75 euros = 6 euros par action. Si le cours est à 71 euros, il gagnera 75 euros – 71 euros = 4 euros.

Ces exemples montrent, qu'en plus de la couverture à laquelle il conduit en raison de la standardisation des contrats et des échéances, le marché à terme présente l'inconvénient d'être irréversible en cas de mauvaise anticipation. Ainsi, l'acheteur est en position de perte si le cours des actions diminue et le vendeur si le cours augmente. Nous verrons que le marché des options lève cette limite ;

– la livraison du sous-jacent : dans les contrats de certains sous-jacents, un acheteur a le droit de demander, à tout moment, de recevoir la quantité fixée de l'actif sous-jacent de son contrat. Il avertit la chambre de compensation qui tire au sort le vendeur devant assurer la livraison et paie le contrat au prix fixé lors de la négociation. En effet, en raison de sa négociabilité, le vendeur initial ne peut jamais être supposé avoir encore le contrat en sa possession. Un vendeur est donc nécessairement un spéculateur puisqu'il court à tout moment le risque d'être obligé d'apporter le sous-jacent, donc de se le procurer sur le marché au comptant, en supportant une perte.

Aucun contrat ne peut être reporté au-delà de la date d'échéance, mais l'existence de plusieurs échéances permet aux intervenants de dénouer leurs opérations sur une échéance qui se clôt en reprenant position sur l'échéance suivante.

2. Particularités de certains contrats sur les marchés à terme d'instruments financiers

En France, les marchés à terme sur les instruments financiers sont le MONEP pour les indices boursiers et le MATIF pour les taux d'intérêt à court et long terme. Cotées à la criée, au palais Brongniart, jusqu'en 1998, les opérations qui s'y nouent sont désormais traitées de manière informatisée, en continu. Lorsque l'accord avec le LIFFE de Londres sera opérationnel, toute l'activité des dérivés sera basculée sur la plate-forme électronique de négociation LIFFE Connect.

Les organismes de contrôle des contrats à terme (et des contrats d'options) sont identiques et ont les mêmes prérogatives que sur les titres cotés sur le marché boursier, aux particularités suivantes :

– la Commission des opérations de bourse est l'autorité de tutelle qui a un droit d'opposition à l'admission, la modification ou la radiation de contrats ;

– le Conseil des marchés financiers est l'autorité de réglementation chargée d'établir le règlement général de ces marchés, d'en contrôler le fonctionnement, d'admettre et de radier les différents types de contrats négociés, de déterminer les modalités propres à chaque type de contrats, de fixer les conditions que doivent remplir les adhérents ;

– Euronext SA est l'autorité du marché qui en assure le fonctionnement quotidien. Par exemple, cet organisme contrôle la cotation, fixe les dates d'ouverture et de clôture des échéances, les dépôts de garantie, les appels de marge, les variations minima et maxima de chaque séance à partir d'échelons de cotation, les *ticks*, la liste des titres donnant lieu à livraison, le montant des frais établis par contrat.

Les principes généraux de fonctionnement des marchés à terme s'appliquent à tous les marchés à terme d'instruments financiers qui existent en France. Ne seront envisagées ci-dessous que les spécificités afférentes aux marchés d'indices boursiers, de taux d'intérêt à court terme et de taux d'intérêt à long terme, à partir des contrats les plus utilisés sur chacun d'entre eux : le contrat sur l'indice CAC 40, le contrat Euribor 3 mois et le contrat Euro-Notionnel dont les caractéristiques communes sont résumées dans le tableau suivant.

Contrat	Valeur nominale	Dépôt de garantie	Cotation	Tick	Échéances	Variation quotidienne maximum
Indice CAC 40	Valeur de l'indice × 10 euros	3 500 euros	1 décimale	0,5 point d'indice, soit 5 euros	3 mois + 3 trimestres + 2 semestres	± 325 points d'indice
Euribor 3 mois	1 million d'euros	500 euros	100 – Taux Euribor 3 mois	0,2 point de base, soit 5 euros	2 mois + 20 trimestres	± 16 points de base
Euro-Notionnel	100 000 euros	1 500 euros	% du nominal avec deux décimales	0,01 % du nominal, soit 10 euros	3 trimestres	± 135 points de base

- **Les contrats sur les indices boursiers**

Les gestionnaires de portefeuille cherchent de plus en plus à réaliser des performances proches des principaux indices boursiers. Grâce aux marchés à terme d'indices, deux solutions s'offrent à eux : ils peuvent détenir l'indice lui-même plutôt que d'acquérir, dans les mêmes proportions, tous les titres le composant ; ils peuvent couvrir le risque global du marché au comptant de leurs titres par des opérations sur le marché à terme.

Sur le MONEP, sont cotés des contrats à terme sur l'indice CAC 40, sur les indices Stoxx 50 et Euro Stoxx 50 et sur des indices sectoriels (banque, énergie, pharmacie, technologie, télécommunications) Stoxx et Euro Stoxx.

Comme l'indice n'est pas représenté concrètement, aucune livraison n'est possible : toute transaction est dénouée par une transaction inverse, un achat par une vente, une vente par un achat. Si l'opération n'est dénouée qu'à l'échéance (qui peut aller jusqu'à 19 et 24 mois selon le premier mois coté), c'est l'indice de « liquidation » calculé sur la moyenne des 41 dernières observations du dernier jour de cotation qui sert de référence.

Exemple : Le 3 janvier 2002, alors que le CAC 40 est à 4 692,24 points, un gestionnaire de portefeuille souhaite se couvrir contre une baisse de l'indice sur une durée de 6 mois. Il vend donc un contrat CAC 40, échéance juin 2002, à 4 619,50 (ce qui correspond à un déport de 4 692,24 − 4 619,50 = 72,74 points). Son contrat s'élève donc à 4 619,50 × 10 euros = 46 195 euros, sur lequel il verse un dépôt de garantie de 3 500 euros. Supposons qu'il dénoue son contrat à l'échéance. Si, le vendredi 28 juin 2002, l'indice de liquidation vaut 4 289,30, il aura gagné 10 euros × (4 619,50 − 4 289,30) = 3 302 euros ; s'il vaut 5 031,50, il aura perdu 10 euros × (5 031,50 − 4 619,50) = 4 120 euros.

- **Les contrats sur les taux d'intérêt à court terme**

Tous les agents économiques (banques, compagnies d'assurances, caisses de retraite, organismes de placement collectif en valeurs mobilières, entreprises industrielles et commerciales) subissent un risque de taux d'intérêt. Ils peuvent recourir à plusieurs méthodes de couverture, soit celles proposées de gré à gré par les banques, soit celles proposées sur des marchés à terme qui présentent des caractéristiques particulières illustrées, à court terme, par le contrat sur l'Euribor 3 mois.

Le risque de taux d'intérêt

Les agents désirent se couvrir quand ils anticipent :

– une baisse des taux alors qu'ils ont conclu un emprunt à taux fixe, qu'ils ont accordé un prêt à taux variable, qu'ils détiennent des obligations à taux variable, qu'ils savent qu'ils vont avoir des placements à effectuer, donc avec un rendement plus faible ;

– une hausse des taux alors qu'ils ont déjà réalisé des placements à taux fixe, financés par des ressources futures à taux variable, qu'ils détiennent des obligations à taux fixe, qu'ils ont conclu un emprunt à taux variable, qu'ils savent qu'ils vont devoir emprunter pour faire face à un besoin futur de financement.

Aussi ces agents cherchent-ils à fixer par avance le taux d'intérêt.

Les couvertures de taux d'intérêt de gré à gré

Réalisées auprès de banques, elles permettent de :

– prêter ou emprunter à terme (méthode *forward-forward*). Cette technique consiste à s'assurer immédiatement à la fois le taux futur d'un prêt ou d'un emprunt et l'engagement de la banque de réaliser l'opération : la banque garantit aujourd'hui le taux auquel elle prêtera ou empruntera une certaine somme dans le futur ;

– garantir un taux d'intérêt par un *future rate agreement* – FRA à court terme. Une entreprise obtient de sa banque la fixation d'un taux d'intérêt pour l'avenir, mais sans s'engager à réaliser l'opération. À l'échéance de l'accord, la banque verse la différence entre le taux garanti et le taux effectif du placement si ce dernier lui est inférieur ou entre le taux effectif de l'emprunt et le taux garanti s'il lui est supérieur ;

– fixer un taux plafond (*cap*) ou un taux plancher (*floor*) à long terme. En contrepartie d'une prime, une entreprise s'assure avec un *cap* d'un taux maximum d'emprunt, avec un *floor* d'un taux minimum de placement, pour un montant et une durée déterminés, tout en pouvant bénéficier d'un taux plus attrayant. La combinaison d'un *cap* et d'un *floor* donne un *collar* qui permet d'arrêter une fourchette de taux pour un emprunt ;

– réaliser un *swap* d'intérêt, ce qui consiste à échanger une dette à taux fixe contre une dette à taux variable ou une dette à taux variable contre une dette à taux fixe.

Les particularités des couvertures de taux d'intérêt sur les marchés à terme

Sur les marchés à terme de taux d'intérêt à court terme s'échangent des contrats représentatifs de taux d'intérêt à court terme à une échéance donnée et à un cours déterminé librement par la confrontation de l'offre et de la demande.

La couverture du risque de taux présente, cependant, une difficulté : un taux d'intérêt est un concept qui ne peut donc donner lieu à livraison en tant que tel. Pour pallier cet inconvénient, la livraison, quand elle est possible, s'effectue de manière indirecte par l'intermédiaire de titres représentatifs du taux concerné. Ce sont donc les titres, et non les taux, qui sont cotés.

Cet artifice a une implication pratique dans la mesure où elle inverse le sens habituel des cotations puisque l'on sait que si le taux d'intérêt d'un titre à revenu fixe varie dans une direction, le cours du titre varie dans la direction opposée. Ainsi, quand un opérateur anticipe une hausse du taux d'intérêt, il anticipe une baisse des cours : il doit donc être vendeur. Inversement, s'il anticipe une baisse du taux d'intérêt, il anticipe une hausse des cours : il doit donc être acheteur.

Le contrat Euribor 3 mois

Sur le MATIF, est couvert le taux Euribor 3 mois, qui est le seul taux à court terme librement formé en Europe.

Définition : Le taux Euribor (European Interbank Offered Rate) 3 mois est le taux moyen auquel 41 banques de l'Union économique et européenne et 8 banques internationales de premier rang se prêtent et s'empruntent des euros pour une période de trois mois.

La cotation se fait par la formule 100 – le taux Euribor 3 mois. Par exemple, un cours de 96,53 correspond à un taux d'intérêt de 3,47 % tandis qu'un cours de 96,26 correspond à un taux de 3,74 %. Ce mode de cotation simple applique donc la relation inverse entre taux et cours.

Comme pour les indices boursiers, aucune livraison n'est possible, toute transaction (dont l'horizon maximum est de 5 ans) étant dénouée par la transaction inverse : un achat par une vente, une vente par un achat.

Exemple : Le 3 janvier 2002, alors que le taux Euribor 3 mois est à 3,272 %, une compagnie d'assurance apprend qu'elle va recevoir en juin 2002 une prime de 2 millions d'euros qu'elle pourra placer à court terme. Elle craint une baisse des taux (donc une hausse des cours), rendant ce placement futur moins intéressant. Aussi achète-t-elle deux contrats Euribor 3 mois, échéance juin 2002, au cours de 96,803 (soit 3,197 %). Elle verse un dépôt de garantie de 2 × 500 euros = 1 000 euros. Le lundi 17 juin 2002, le taux Euribor 3 mois est à 3,145 % et la base sur le contrat à terme est nulle (donc le cours est à 96,855). Le détail du résultat est alors le suivant :

Date de l'opération	***Placement***	***Marché à terme***
3 janvier 2002	Placement potentiel : 2 M × 3,272 % × 3/12 = 16 360 euros	Achat de 2 contrats : 2 × 1 M × 96,803 % × 3/12 = 484 015 euros
17 juin 2002	Placement effectif : 2 M × 3,145 % × 3/12 = 15 725 euros	Vente de 2 contrats : 2 × 1 M × 96,855 % × 3/12 = 484 275 euros
Résultat	Perte : 635 euros	Gain : 260 euros

Si la compagnie d'assurance ne s'était pas couverte, elle aurait perdu 635 euros en plaçant ses fonds le 17 juin au lieu du 3 janvier. Grâce à l'achat de 2 contrats sur le marché à terme sur lequel elle gagne 260 euros, sa perte totale est ramenée à 375 euros (635 − 260).

Cet exemple illustre la couverture imparfaite sur tout marché à terme en raison de l'existence de la base. De plus, si le taux Euribor 3 mois avait augmenté, le gain sur le placement aurait été annulé par une perte sur le marché à terme.

- **Les contrats sur les taux d'intérêt à long terme**

Sur le MATIF sont cotés des contrats de taux d'intérêt à moyen terme, Euro 5 ans, et à long terme, E-Bond 30 ans et Euro Notionnel. Ce dernier contrat est caractéristique de tous les contrats de taux à moyen et long termes : une livraison de titres (des obligations d'État) est possible.

L'emprunt notionnel comme sous-jacent

Le sous-jacent est représenté par un emprunt « notionnel », émis par les États français ou allemand, sous forme d'obligations à échéance comprise entre 8,5 et 10,5 années, remboursables *in fine*, avec un coupon de 3,5 %. La cotation se fait en pourcentage de la valeur nominale, avec deux décimales. Le cours de 100 correspond à un taux de référence de 3,5 %. Si le taux coté est supérieur au taux de référence, le cours est inférieur à 100 ; si le taux coté est inférieur au taux de référence, le cours est supérieur à 100.

Le dénouement d'une opération peut se faire, comme sur tous les autres contrats, par une opération inverse. Mais elle peut également s'effectuer, à tout moment, jusqu'à l'échéance qui est le 2e jour de négociation précédant le 3e mercredi du mois de livraison, par la demande d'un acheteur de recevoir les titres représentatifs du contrat (des obligations d'État) de la part d'un vendeur tiré au sort par la chambre de compensation.

Le sous-jacent est un emprunt notionnel, c'est-à-dire fictif ou virtuel, car il n'existe aucun emprunt suffisamment liquide pour assurer toutes les demandes potentielles de livraison.

Les titres livrables

La chambre de compensation fixe une liste de titres (le « gisement »), provenant d'emprunts différents, qui peuvent être livrés sans difficulté parce qu'ils sont diffusés de façon suffisamment large (encours minimum de 6 milliards d'euros) pour répondre à toutes les décisions de dénouement. Les titres à livrer sont donc choisis parmi des emprunts d'obligations assimilables du Trésor françaises et de *Bunds* allemands d'une durée de vie résiduelle comprise entre 8,5 et 10,5 ans et remboursés *in fine*.

La difficulté provient du fait que chaque emprunt du gisement a non seulement des caractéristiques propres (taux d'intérêt nominal, échéances) mais également différentes de celles de l'emprunt notionnel. La chambre de compensation publie donc une table de concordance qui permet, grâce au facteur de concordance, de comparer la valeur effective des titres livrables et la valeur théorique des titres à livrer.

> **Définition :** Le facteur de concordance est la valeur actualisée, au taux nominal de 3,5 %, de chaque emprunt du gisement à la date du règlement des flux de l'obligation (nominal moins la fraction courue du coupon).

Le vendeur tiré au sort qui doit apporter les titres se les procure sur le marché obligataire au comptant. Il choisit alors dans le gisement les titres les moins chers à livrer, du même emprunt pour chaque contrat, et les remet à la chambre de compensation. Il recevra une somme égale à la valeur nominale de chaque contrat (100 000 euros) × cours de l'emprunt notionnel × facteur de concordance.

La chambre de compensation répartit ensuite, par tirage au sort, les obligations entre tous les acheteurs qui ne peuvent les refuser. Chaque acheteur paie la valeur de la formule précédente à laquelle est ajouté le coupon couru entre la date de négociation et la date de livraison.

II. LES MARCHÉS D'OPTIONS NÉGOCIABLES D'INSTRUMENTS FINANCIERS

L'inconvénient principal des opérations sur les marchés à terme a été relevé à plusieurs reprises : s'agissant de transactions fermes, il n'est pas possible d'y renoncer même si elles conduisent à une perte, en particulier dans le cas d'une couverture. En effet, il arrive que l'anticipation s'avère erronée et que le résultat soit un gain sur l'opération que l'on voulait assurer, alors qu'il se traduit par une perte sur le marché à terme. C'est la raison pour laquelle ont été créés des marchés d'options négociables, à l'origine de transactions conditionnelles qui peuvent être abandonnées, contre le paiement d'un dédit, la prime, si le résultat est défavorable aux opérateurs.

Après avoir envisagé les caractéristiques générales des options négociables, nous expliquerons la détermination de leur prix, la prime, et les stratégies auxquelles elles peuvent conduire avant de présenter un instrument financier proche, les *warrants*.

1. Caractéristiques générales des options négociables

• Les sous-jacents couverts

Comme les marchés à terme, les marchés d'options portent sur des contrats représentatifs d'un lot standardisé d'un sous-jacent. Ce dernier correspond soit à un instrument coté sur le marché au comptant si aucun contrat à terme n'existe sur cet instrument, soit à un contrat à terme si celui-ci existe. En France, alors que les options de change sur les devises cotées sur le MATIF ont été supprimées en 1997, la première solution est désormais illustrée par des contrats d'options sur les actions ouverts sur le MONEP, soit à court terme (échéances jusqu'à 9 mois maximum) et à long terme (échéances jusqu'à 2 ans maximum). La couverture porte sur les principales actions cotées sur le premier marché dont la capitalisation boursière est d'au moins 750 millions d'euros et dont les échanges quotidiens portent au moins sur 10 000 titres provenant d'un minimum de 35 transactions. La deuxième solution est mise en œuvre sur les indices boursiers, les taux d'intérêt à court terme et les taux d'intérêt à long terme. En particulier, les 3 contrats à terme précédemment présentés (sur l'indice CAC 40, sur le taux Euribor 3 mois et sur l'Euro-notionnel) donnent lieu à des contrats d'options.

• Les différentes sortes d'options

Le sens des options : options d'achat et options de vente

Il existe deux types d'options : des options d'achat (appelées *calls* sur les marchés anglo-saxons) et des options de vente (appelées *puts*).

Définition : Une option d'achat est le droit, et non l'obligation, d'acheter, à un prix fixé dès la négociation, le « prix d'exercice », contre le paiement d'une prime, un actif sous-jacent.

Définition : Une option de vente est le droit, et non l'obligation, de vendre, à un prix d'exercice fixé dès la négociation, contre le paiement d'une prime, un actif sous-jacent.

Comme sur le marché à terme, un acheteur d'options d'achat est un « haussier » : il anticipe une hausse du prix du sous-jacent, mais ne réalisera pas l'opération si le prix diminue. De même, un acheteur d'options de vente est un « baissier » : il anticipe une baisse du prix du sous-jacent, mais ne réalisera pas l'opération si le prix augmente.

Les positions sur les options : achat et vente d'options

Les deux types d'options d'achat et de vente donnent lieu chacun à achat et vente. Il existe donc quatre opérations : un achat d'options d'achat, une vente d'options d'achat, un achat d'options de vente, une vente d'options de vente.

Un vendeur est toujours un spéculateur pour deux raisons :

– comme pour les contrats à terme, c'est l'acheteur qui décide du dénouement de l'opération, le vendeur étant obligé de suivre cette décision ;

– l'acheteur verse, dès la négociation, le prix de son option, la prime, au vendeur. Si son anticipation ne se réalise pas, l'acheteur « abandonne » la prime qui constitue sa perte maximum et le gain maximum du vendeur. En revanche, si son anticipation se réalise, l'acheteur enregistre un gain diminué du montant de la prime tandis que le vendeur qui doit s'aligner sur la décision de l'acheteur supporte la perte correspondante, réduite du montant de la prime. Ainsi, l'acheteur connaît, dès l'origine de la transaction, le montant maximum de sa perte, la prime qu'il a payée, alors que le vendeur, s'il connaît le montant maximum de son profit, supporte une perte, en théorie illimitée. Aussi, l'acheteur n'est-il pas soumis à appels de marge, puisque le versement de la prime correspond à la perte maximum qu'il peut subir, ce qui n'est pas le cas du vendeur soumis à dépôt de garantie et appels de marge de telle sorte qu'il soit en permanence en mesure de supporter la perte maximum pouvant survenir au cours d'une séance de cotation. Grâce à une compensation unique sur tous les marchés dérivés, le calcul du dépôt de garantie et des appels de marge est effectué en combinant toutes les positions afférentes au même sous-jacent sur le marché à terme et sur le marché des options.

La livraison des options :
options à l'européenne et options à l'américaine

Comme les achats et les ventes de contrats à terme, les achats et les ventes d'options peuvent être dénoués, à tout moment, jusqu'à l'échéance, par une opération inverse. Certaines options peuvent aussi donner lieu à livraison du contrat à terme servant de sous-jacent. Si les options sont à l'européenne (sur le modèle des premières options créées en Europe, à Amsterdam), la livraison ne peut être demandée par l'acheteur qu'à l'échéance. Si les options sont à l'américaine (sur le modèle des options créées aux États-Unis), la livraison peut être demandée par l'acheteur à tout moment, jusqu'à l'échéance.

- **Les prix d'exercice des options**

Définition : Le prix d'exercice est le cours auquel un acheteur et un vendeur se donnent le droit d'acheter ou de vendre une option. Si le prix d'exercice est égal au cours au comptant, l'option est dite « à parité » (*at the money* – ATM sur les marchés anglo-saxons). S'il lui est inférieur pour une option d'achat et supérieur pour une option de vente, l'option est dite « en dedans » (*in the money* – ITM). S'il lui est supérieur pour une option d'achat et inférieur pour une option de vente, l'option est dite « en dehors » (*out the money* – OTM).

Pour chaque classe d'options, il existe autant de séries d'options que de contrats d'options à prix d'exercice et à échéances différents.

Définition : Une classe d'options est l'ensemble des options d'achat et des options de vente sur un sous-jacent.

Définition : Une série d'options est l'ensemble des options de même prix d'exercice et de même échéance.

Les prix d'exercice sont exprimés dans les mêmes termes (valeur ou pourcentage) que les cours du sous-jacent et pour une unité de ce sous-jacent. Ils sont choisis par les opérateurs dans une liste déterminée par l'autorité de marché. En général, quand une échéance est ouverte, la liste contient six prix d'exercice (trois pour les options de vente et trois pour les options de vente). En France :

– sur les options à court terme sur les actions, les prix d'exercice sont exprimés de 0,05 euro à 10 euros selon la valeur des primes pour les deux échéances mensuelles et de 0,10 à 20 euros pour les échéances suivantes. Sur les options à long terme sur les actions, les prix d'exercice sont exprimés de 0,20 euro à 40 euros. Sur les deux catégories d'options, les écarts minima (*ticks*) vont de 0,01 euro pour les primes inférieures à 1 euro jusqu'à 0,10 euro pour les primes supérieures à 10 euros. Pour chaque classe d'options, il y au moins trois prix d'exercice : un à parité, deux en dehors. De nouvelles séries sont ouvertes lorsque le cours au comptant varie, de telle sorte qu'il y ait, en permanence, au moins un prix d'exercice à parité et deux prix d'exercice en dehors. Pour les deux échéances mensuelles, il y a au moins sept prix d'exercice : un à parité, deux en dedans et quatre en dehors ;

– sur les options sur l'indice CAC 40, les prix d'exercice sont exprimés par intervalles de 50 points d'indices pour les échéances mensuelles, de 100 points d'indices pour les échéances trimestrielles et de 200 points d'indices pour les échéances semestrielles. Pour chaque classe d'options, il y a au moins trois prix d'exercice : un à parité, deux en dehors ;

– sur les options du contrat PIBOR 3 mois, les prix d'exercice sont cotés en pourcentage de la valeur nominale du contrat à terme. Il y a toujours au moins 15 prix d'exercice, avec un écart de 10 points de base entre deux prix d'exercice ;

– sur les options du contrat euro-notionnel, les prix d'exercice sont cotés en pourcentage de la valeur nominale du contrat à terme. Il y a toujours au moins 9 prix d'exercice, avec un écart de 50 points de base entre deux prix d'exercice. Ils sont exprimés en cours entiers.

- **Le dénouement des opérations d'options**

Les opérations peuvent être dénouées de trois manières :

– l'annulation de la position initiale. En raison de sa négociabilité (il n'existe plus, en France, comme avant la création du MONEP, des options non négociables d'actions sur le marché boursier), à tout instant, jusqu'à l'échéance, une option achetée peut être revendue tandis qu'une option vendue peut être rachetée. Le gain ou la perte résulte de la différence entre le cours de vente de la prime et son cours d'achat. À l'échéance, la valeur de l'option devient nulle ;

– l'abandon de la prime par l'acheteur, à l'échéance. Si son anticipation s'avère erronée, comme il s'est donné le droit, et non l'obligation, d'acheter, l'acheteur n'annule pas sa position initiale : il abandonne simplement sa prime au vendeur ;

– l'exercice de l'option. La demande ou l'offre de livraison du sous-jacent annule le contrat qui est transformé en une opération à terme ferme. Si les contrats d'options sur les indices et sur les taux d'intérêt à court terme ne sont pas livrables, il n'en est pas de même pour les contrats d'options d'actions et de taux d'intérêt à long terme. Un acheteur a alors le droit de demander, à tout moment, si les options sont à l'américaine, et seulement à l'échéance si elles sont à l'européenne, de recevoir la livraison du contrat sous-jacent s'il s'agit d'une option d'achat et de livrer le contrat sous-jacent s'il s'agit d'une option de vente. À l'échéance, sauf précision contraire de l'opérateur, toutes les options en dedans sont automatiquement exercées et toutes les options en dehors sont obligatoirement abandonnées. La suite est alors identique à celle des opérations à terme : l'acheteur avertit la chambre de compensation qui tire au sort le vendeur. Celui-ci doit assurer la livraison (s'il a vendu une option d'achat) ou la recevoir (s'il a vendu une option de vente) au prix fixé lors de la négociation. Un vendeur est donc nécessairement un spéculateur puisqu'il court à tout moment le risque d'être obligé d'apporter ou d'accepter le sous-jacent, donc de se le procurer sur le marché au comptant ou de le payer, en supportant une perte (réduite du montant de la prime qu'il a reçue).

Comme sur les marchés à terme, aucun contrat ne peut être reporté au-delà de la date d'échéance, mais l'existence de plusieurs échéances permet aux intervenants de dénouer leurs opérations sur une échéance qui se clôt en reprenant position sur l'échéance suivante.

Les autres caractéristiques principales des contrats d'options en France sont les suivantes :

Contrat	*Sous-jacent*	*Type d'options*	*Taille du contrat*	*Cotation de la prime*	*Tick*	*Échéances*
Options à court terme sur actions	Actions du premier marché	À l'américaine	10 actions	En euros	En fonction de la prime	3 mois + 2 trimestres
Options à long terme sur actions	Actions du premier marché	À l'européenne	10 actions	En euros	En fonction de la prime	Mars et septembre sur 2 ans
Options sur indice CAC 40	Indice CAC 40	À l'européenne	Valeur de l'indice x 1 euro	Indice avec 1 décimale	0,10 point d'indice soit 0,10 euro	3 mois + 3 trimestres + 3 semestres
Options sur Euribor 3 mois	Contrat à terme Euribor 3 mois	À l'américaine	1 contrat à terme Euribor 3 mois	% du nominal avec 3 décimales	0,2 point de base, soit 5 euros	2 mois + 4 trimestres
Options sur Euro-Notionnel	Contrat à terme Euro-Notionnel	À l'américaine	1 contrat à terme Euro-notionnel	% du nominal avec 2 décimales	0,01 point de base, soit 10 euros	2 mois + 3 trimestres

2. Le prix d'une option : la prime

Lors de l'achat ou la vente d'une option, l'opérateur ne peut discuter ni de la définition du sous-jacent ni de la valeur nominale du contrat, deux caractéristiques déterminées par l'autorité de marché. De même, il lui faut choisir l'échéance et le prix d'exercice dans les listes établies par cette même autorité. Seul le prix de l'option, la prime, est librement fixé sur le marché, par confrontation de l'offre et de la demande, ce qui n'était pas le cas pour les opérations conditionnelles qui existaient sur le marché boursier des actions avant la création du MONEP, les « opérations à primes », pour lesquelles la prime (le « dont ») était également imposée par l'autorité de marché.

La prime est exprimée dans l'unité du contrat. L'acheteur paie (par l'intermédiaire de la chambre de compensation) la prime au vendeur dès la conclusion de l'opération, en guise de rémunération du transfert du risque que ce dernier accepte d'assumer.

La prime, est composée de la « valeur intrinsèque » et de la « valeur temps ».

- **La valeur intrinsèque**

> **Définition :** La valeur intrinsèque d'une option est égale à la différence entre le prix au comptant du sous-jacent et le prix d'exercice.

Cette valeur est facilement calculée puisqu'elle dépend de deux éléments connus : le prix au comptant du sous-jacent et le prix d'exercice. Elle ne peut pas être négative : elle est alors nulle.

La valeur intrinsèque se comporte de la manière suivante en fonction du sens de l'option et de la relation entre le prix au comptant du sous-jacent et le prix d'exercice :

Nature de l'option	*Prix du sous-jacent > prix d'exercice*	*Prix du sous-jacent = prix d'exercice*	*Prix du sous-jacent <prix d'exercice*
Option d'achat	En dedans	À parité	En dehors
Valeur Intrinsèque	Positive	Nulle	Nulle
Option de vente	En dehors	À parité	En dedans
Valeur Intrinsèque	Nulle	Nulle	Positive

Plus l'option est en dedans, plus la valeur intrinsèque de l'option est importante. En revanche, quand une option est en dehors, la prime est faible puisqu'elle ne comprend que la valeur temps.

Exemple : Pour une action cotée 135 euros, la valeur intrinsèque d'une option d'achat au prix d'exercice de 127 euros est de (135 euros − 127 euros) = 8 euros. La valeur intrinsèque d'une option de vente au prix d'exercice de 127 euros est nulle.

- **La valeur temps**

Définition : La valeur temps d'une option représente la rémunération du vendeur-assureur et est égale à la différence entre le montant de la prime et la valeur intrinsèque.

Exemple : Dans le cas précédent, si la prime vaut effectivement 10, la valeur temps est égale à 10 euros − 8 euros = 2 euros.

La valeur temps est fonction de variables afférentes au sous-jacent ou au contrat lui-même : le prix d'exercice, l'évolution du cours du sous-jacent, les fluctuations (volatilité) du sous-jacent et la durée de vie de l'option. Le tableau suivant résume le comportement de la prime en fonction de ces variables :

Éléments	*Option d'achat*	*Option de vente*
Prix d'exercice élevé	Prime faible	Prime élevée
Prix d'exercice faible	Prime élevée	Prime faible
Hausse du cours du sous-jacent	Augmentation de la prime	Diminution de la prime
Baisse du cours du sous-jacent	Diminution de la prime	Augmentation de la prime
Forte volatilité du sous-jacent	Prime forte	Prime faible
Faible volatilité du sous-jacent	Prime faible	Prime forte
Échéance éloignée	Prime forte	Prime forte
Échéance proche	Prime faible	Prime faible

La valeur temps dépend également de variables exogènes au sous-jacent et au contrat, la plus importante étant le taux d'intérêt à court terme qui influence le coût du financement du sous-jacent : plus le taux est élevé, plus la prime est chère sur les options d'achat et faible sur les options de vente en raison de la comparaison avec le coût de financement d'un placement identique en titres sur le marché au comptant.

Ces variables sont utilisées dans des modèles mathématiques d'évaluation théorique des primes. Les trois plus célèbres sont le modèle de Black et Scholes qui prend en considération une loi normale, le modèle de Cox, Ross et Rubinstein, basé sur une loi binomiale et la méthode actuarielle, la plus simple, dans laquelle la prime est égale, dans le cas d'une action, à la valeur au comptant de cette dernière moins sa valeur actualisée du prix d'exercice augmenté des dividendes.

> **Exemple :** Pour une action cotée 135 euros et entraînant le versement d'un dividende annuel de 2 euros, sur une échéance de deux ans, la valeur théorique de la prime pour un prix d'exercice de 127 et, à un taux d'actualisation de 4 %, doit être de :
>
> $$135 - (127 + 2 \times 2)/(1 + 0{,}04)^2 = 13{,}88.$$

Comparées à la valeur effective des primes, les valeurs théoriques obtenues dans les différents modèles permettent de déterminer s'il est intéressant de prendre position sur les options.

La faiblesse de la valeur de la prime comparativement au sous-jacent couvert explique l'effet de levier que présentent les options.

3. Les stratégies d'utilisation des options

Il existe quatre stratégies de base qui donnent naissance à de nombreuses stratégies combinées. Tous les exemples seront pris à partir des options à l'européenne à long terme sur actions, en supposant que les acheteurs ne dénouent pas leurs opérations, mais demandent, à l'échéance, à recevoir ou à livrer le sous-jacent.

- **Les quatre stratégies de base**

L'achat d'une option d'achat

L'opérateur ne s'engage pas à acquérir le sous-jacent, mais se réserve le droit de le faire si le prix à l'échéance est supérieur au prix d'exercice augmenté de la prime.

Exemple : Un opérateur achète un contrat d'option d'achat à long terme de 10 actions A à échéance 18 mois au prix d'exercice (PE) de 130 euros chacune, en payant une prime (P) de 50 euros (soit 5 euros par action). Si à l'échéance, le cours de l'action A est de 145 euros, il gagnera :

$$10 \times (145 \text{ euros} - 130 \text{ euros}) - 50 \text{ euros} = 100 \text{ euros.}$$

Si le cours est à 110 euros, il abandonne la prime et perd donc 50 euros. Le seuil de rentabilité SR (cours de l'action pour lequel le résultat est nul) est de 135 euros (prix d'exercice 130 + prime 5 euros).

Graphiquement, par action, le résultat peut être représenté ainsi :

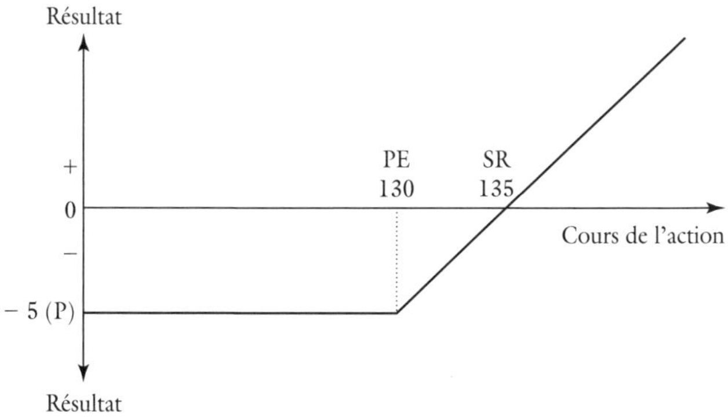

Fig. 1 – Achat d'une option d'achat

Tant que le cours de l'action est inférieur ou égal à 130 euros, l'acheteur perd 5 euros. Sa perte diminue de 1 euro à chaque fois que le cours augmente de 1 euro entre 130 et 135 euros. À 135 euros, son résultat est nul. Au-dessus de 135 euros, il gagne 1 euro à chaque fois que le cours augmente de 1 euro. Sa perte est donc limitée au montant de la prime et son gain est illimité : sa stratégie est que le cours augmente.

L'achat d'une option de vente

L'opérateur ne s'engage pas à livrer le sous-jacent, mais se réserve le droit de le faire si le prix à l'échéance est inférieur au prix d'exercice diminué de la prime.

Exemple : Un opérateur achète un contrat d'option de vente à long terme de 10 actions A à échéance 18 mois au prix d'exercice (PE) de 130 euros chacune, en payant une prime (P) de 50 euros (soit 5 euros par action). Si à l'échéance, le cours de l'action A est de 115 euros, il gagnera :

$$10 \times (130 \text{ euros} - 115 \text{ euros}) - 50 \text{ euros} = 100 \text{ euros.}$$

Si le cours est à 145 euros, il abandonne la prime et perd donc 50 euros. Le seuil de rentabilité SR est de 125 euros (prix d'exercice 130 – prime 5 euros).

Graphiquement, par action, le résultat peut être représenté ainsi :

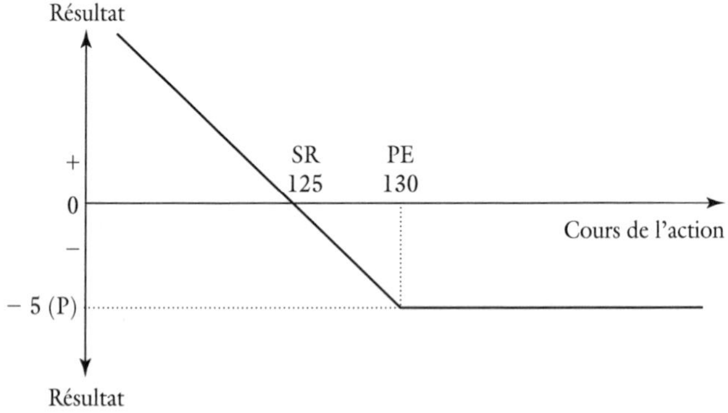

Fig. 2 – Achat d'une option de vente

Tant que le cours de l'action est supérieur ou égal à 130 euros, l'acheteur perd 5 euros. Sa perte diminue de 1 euro à chaque fois que le cours diminue de 1 euro entre 130 et 125 euros. À 125 euros, son résultat est nul. Au-dessous de 125 euros, il gagne 1 euro à chaque fois que le cours augmente de 1 euro. Sa perte est donc limitée au montant de la prime et son gain est illimité : sa stratégie est que le cours diminue.

La vente d'une option d'achat

Rappelons que le vendeur doit suivre la décision de l'acheteur. Si ce dernier décide d'acquérir le sous-jacent, le vendeur doit le lui livrer et recevoir, en contrepartie, la somme prévue à l'origine.

Exemple : Un opérateur vend un contrat d'option d'achat à long terme de 10 actions A à échéance 18 mois au prix d'exercice (PE) de 130 euros chacune. Il reçoit immédiatement une prime (P) de 50 euros (soit 5 euros par action). Si à l'échéance, un acheteur demande la livraison alors que le cours de l'action A est de 145 euros, le vendeur perdra :

$$10 \times (145 \text{ euros} - 130 \text{ euros}) - 50 \text{ euros} = 100 \text{ euros.}$$

Si le cours est à 110 euros, l'acheteur abandonne la prime et le vendeur gagne donc 50 euros. Le seuil de rentabilité SR est de 135 euros (prix d'exercice 130 + prime 5 euros).

Graphiquement, par action, le résultat peut être représenté ainsi :

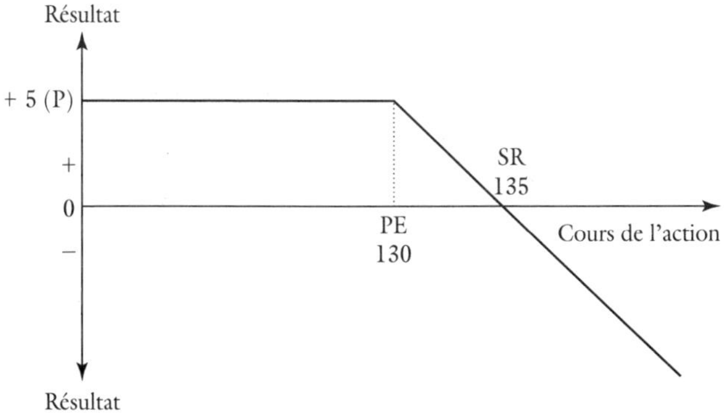

Fig. 3 – Vente d'une option d'achat

Tant que le cours de l'action est inférieur ou égal à 130 euros, le vendeur gagne 5 euros. Son gain diminue de 1 euro à chaque fois que le cours augmente de 1 euro entre 130 et 135 euros. À 135 euros, son résultat est nul. Au-dessus de 135 euros, il perd 1 euro à chaque fois que le cours augmente de 1 euro. Son gain est donc limité au montant de la prime et sa perte est illimitée : sa stratégie est que le cours reste stable au niveau du prix d'exercice (ou lui soit légèrement inférieur).

La vente d'une option de vente

Quand l'acheteur décide de livrer le sous-jacent, le vendeur doit l'accepter et le lui payer.

Exemple : Un opérateur vend un contrat d'option de vente à long terme de 10 actions A à échéance 18 mois au prix d'exercice (PE) de 130 euros chacune. Il reçoit immédiatement une prime (P) de 50 euros (soit 5 euros par action). Si à l'échéance, un acheteur demande à livrer le contrat alors que le cours de l'action A est de 115 euros, le vendeur perdra :

$$10 \times (130 \text{ euros} - 115 \text{ euros}) - 50 \text{ euros} = 100 \text{ euros}$$

Si le cours est à 145 euros, l'acheteur abandonne la prime et le vendeur gagne donc 50 euros. Le seuil de rentabilité SR est de 125 euros (prix d'exercice 130 – prime 5 euros).

Graphiquement, par action, le résultat peut être représenté ainsi :

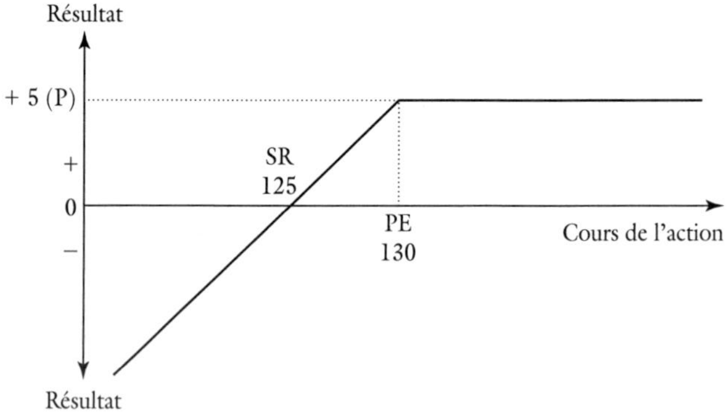

Fig. 4 – Vente d'une option de vente

Tant que le cours de l'action est supérieur ou égal à 130 euros, le vendeur gagne 5 euros. Son gain diminue de 1 euro à chaque fois que le cours diminue de 1 euro entre 130 et 125 euros. À 125 euros, son résultat est nul. Au-dessous de 125 euros, il perd 1 euro à chaque fois que le cours augmente de 1 euro. Son gain est donc limité au montant de la prime et sa perte est illimitée : sa stratégie est que le cours reste stable au niveau du prix d'exercice (ou lui soit légèrement supérieur).

- **Les stratégies combinées**

De multiples combinaisons des quatre stratégies de base sont envisageables en misant sur des primes différentes à partir d'achats et de ventes d'options d'achat et d'options de vente en quantités différentes, à des échéances différentes, à des prix d'exercice différents, sur des sous-jacents différents. Par exemple, des teneurs de marché qui ne veulent pas prendre de risques réalisent trois opérations : ils achètent au comptant le titre dont ils doivent assurer la liquidité, achètent une option de vente et vendent une option d'achat au même prix d'exercice.

Nous ne présenterons ici que les 4 stratégies combinées les plus simples qui, sur le même sous-jacent et sur la même échéance, mettent en œuvre des achats et des ventes d'options d'achat et d'options de vente, à des prix d'exercice, donc avec des primes différentes. Les calculs et les graphiques des résultats seront tous présentés pour une action.

L'achat d'un « straddle »

Cette stratégie permet de spéculer sur des fluctuations importantes du cours de l'action. Elle consiste à acheter une option d'achat et une option de vente de même exercice.

Exemple : Achat d'une option d'achat au prix d'exercice de 130 euros avec une prime de 5 euros et achat d'une option de vente au prix d'exercice de 130 euros avec une prime de 4 euros. La perte maximum est de 9 euros, les deux seuils de rentabilité sont 121 et 139 euros.

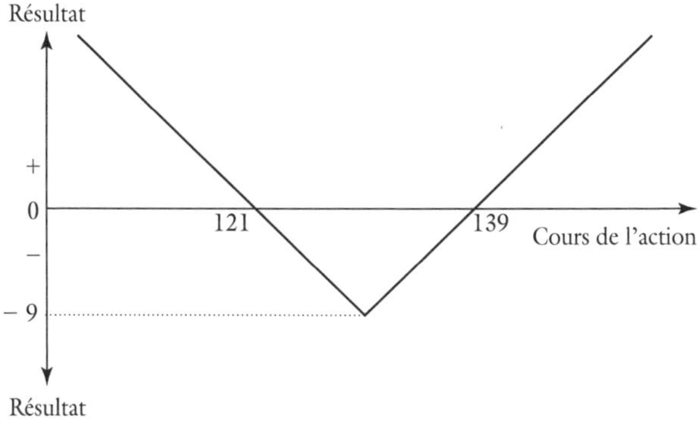

Fig. 5 – Achat d'un straddle

La vente d'un « straddle »

Cette stratégie permet de spéculer sur une stabilité relative du cours de l'action. Elle consiste à vendre une option d'achat et une option de vente de même exercice.

Exemple : Vente d'une option d'achat au prix d'exercice de 130 euros avec une prime de 5 euros et vente d'une option de vente au prix d'exercice de 130 euros avec une prime de 4 euros. Le gain maximum est de 9 euros, les deux seuils de rentabilité sont 121 et 139 euros.

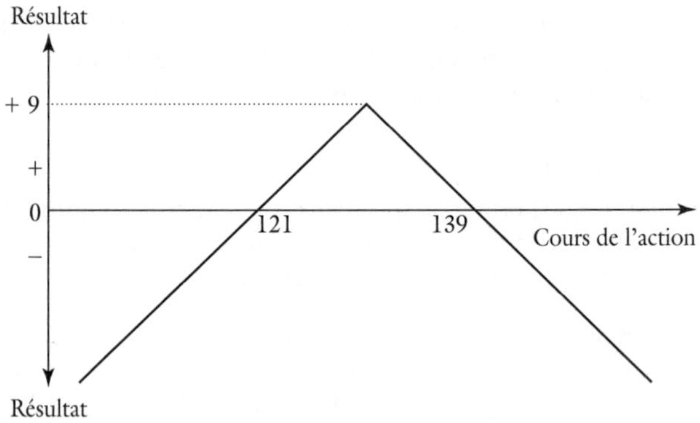

Fig. 6 – Vente d'un straddle

L'achat d'un « strangle »

Cette stratégie permet de spéculer sur des fluctuations importantes du cours de l'action (plus fortes que pour l'achat d'un straddle). Elle consiste à acheter une option d'achat de prix d'exercice élevé et une option de vente de prix d'exercice faible (pour obtenir deux primes de faible montant).

Exemple : Achat d'une option d'achat au prix d'exercice de 130 euros avec une prime de 2 euros et achat d'une option de vente au prix d'exercice de 120 euros avec une prime de 2 euros. La perte maximum est de 4 euros, les deux seuils de rentabilité sont 116 et 134 euros.

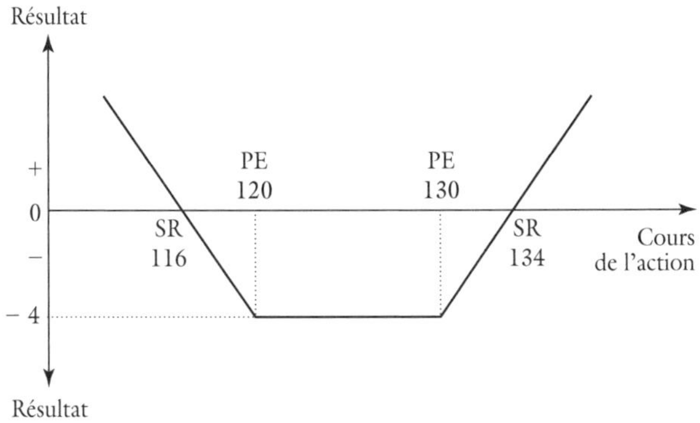

Fig. 7 – Achat d'un strangle

La vente d'un « strangle »

Cette stratégie permet de spéculer sur une stabilité relative du cours de l'action (plus forte que pour la vente d'un *straddle*). Elle consiste à vendre une option d'achat de prix d'exercice élevé et une option de vente de prix d'exercice faible.

Exemple : Vente d'une option d'achat au prix d'exercice de 130 euros avec une prime de 2 euros et vente d'une option de vente au prix d'exercice de 120 euros avec une prime de 2 euros. Le gain maximum est de 4 euros, les deux seuils de rentabilité sont 116 et 134 euros.

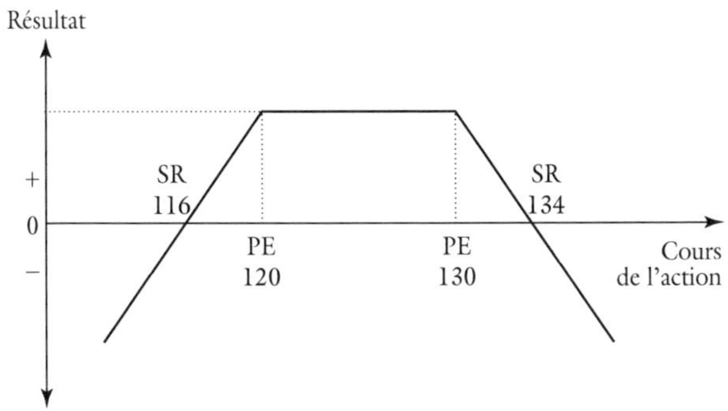

Fig. 8 – Vente d'un strangle

Il existe d'autres stratégies plus complexes prenant en compte des achats et des ventes simultanés d'options à des prix d'exercice différents.

4. Les warrants, instruments financiers proches des options négociables

Les *warrants* (également appelés bons d'options ou options couvertes) sont des titres qui présentent les caractéristiques à la fois des bons de souscription d'actions et des options négociables. En effet, ce sont des bons de souscription d'actions qui ne sont pas émis par la société concernée, mais par une autre société, le plus souvent des établissements de crédit ou des entreprises d'investissement. De plus, ce sont des options dans la mesure où il existe des *calls warrants* (donc des options d'achat de bons de souscription d'action) et des *puts warrants* (donc des options de vente de bons de souscription d'action), avec des échéances, des prix d'exercice et des primes. Les émetteurs de *warrants* jouent le rôle de vendeurs, donc de spéculateurs, les épargnants ne pouvant être qu'acheteurs, ce qui signifie qu'ils paient la prime dès la négociation, mais ne sont soumis à aucun dépôt de garantie ni aucun appel de marge.

Les *warrants* existent sur des actions, des obligations, des paniers d'actions et d'obligations, des indices boursiers, des devises des titres de créances négociables, des contrats à terme financiers ou de marchandises, des instruments dérivés négociés sur les marchés réglementés.

Chaque *warrant* fait l'objet d'une quantité minimum (« quotité ») de négociation, par exemple 100 actions. Après avoir constitué longtemps seulement des opérations de gré à gré, les *warrants* sont, désormais, négociables à tout moment sur le marché boursier, sauf si l'émetteur du sous-jacent s'y oppose. La liquidité du marché est assurée par des teneurs de marché (les émetteurs eux-mêmes).

Aucune livraison n'est possible. En conséquence, les *warrants* ne sont pas, comme les bons de souscription d'actions, à l'origine d'une création de valeurs mobilières. De ce fait, le dénouement n'intervenant que par une opération inverse, au plus tard à l'échéance, le gain ou la perte provient de la différence entre le montant de la prime au moment de la vente et le montant de la prime payée. Les *warrants* sont donc des produits purement spéculatifs, à très fort effet de levier.

Bibliographie

AUGROS J.-C., *Les Options sur taux d'intérêt*, Paris, Économica, 1992.

BECHU T., BERTRAND E., *L'Analyse technique*, Paris, Économica, 1998.

BREALEY R., *Risques et profits à la bourse*, Paris, Dunod, 1972.

CAHEN P., *Spéculer avec l'analyse technique*, Paris, Économica, 1997.

COMMISSION DES OPÉRATIONS DE BOURSE, *Rapports annuels.*

DALBARADE J.-M., *Mathématiques des marchés financiers*, Paris, Eska, 1999.

DAIGRE J.-J., *Les Offres publiques en bourse : aspects juridiques*, Paris, Revue Banque Éditeur, 2001.

DAVIDOFF D., *Les Indices boursiers*, Paris, Économica, 1998.

DEBEAUVAIS M., MAINA E., *La Gestion obligataire*, Paris, Revue Banque Éditeur, 1996.

FERERES M., RIVIÈRE G., *L'Introduction en bourse*, Paris, Éditions d'Organisation, 1999.

FERRANDIER R., KOEN V., *Marchés de capitaux et techniques financières*, Paris, Économica, 1997.

FLEURIET M., SIMON Y., *Bourse et marchés financiers*, Paris, Économica, 2000.

GALLAIS-HAMONNO G., *Sicav et fonds communs de placement, les OPCVM en France*, Paris, PUF, 1995.

GRUSON P., *Les Taux d'intérêt*, Paris, Dunod, 1992.

HENRY G.-M., *Les Marchés financiers*, Paris, A. Colin, 1999.

JACQUILLAT B., SOLNIK B., *Marchés financiers : gestion de portefeuille et des risques*, Paris, Dunod, 1997.

LEHMANN P.-J., *Histoire de la bourse de Paris*, Paris, PUF, 1997.

LEHMANN P.-J., *Les Sociétés de bourse*, Paris, PUF, 1998.

PEYRARD J., *La Bourse*, Paris, Vuibert, 2000.

PINDARD M., *Les Bons de souscription d'actions*, Paris, Dunod, 1992.

ROURE F., *Stratégies financières sur le MATIF et sur le MONEP*, Paris, Économica, 1998.

SIMON Y., *Les Marchés dérivés*, Paris, Économica, 1997.

SPIESER P., *Information économique et marchés financiers*, Paris, Économica, 2000.

STOUFFLET J., DESCHANEL J.-P., *Étude sur le cours de bourse*, Paris, Économica, 1997.

TOPSCALIAN P., *Les Indices boursiers sur actions*, Paris, Économica, Paris, 1996.

TVEDE L., *La Psychologie des marchés financiers*, Paris, SEFI, 1999.

VERGNAUD E., *Indicateurs économiques et marchés financiers*, Paris, Eska, 2000.

Index

Les topos

Éco Gestion

Bourse et marchés financiers, P.-J. Lehmann
Du tiers-monde aux tiers-mondes, G. Burgel
Économie de l'Union européenne, B. Yvars
Économie du travail, G. Tchibozo
Économie et gestion bancaires, P.-C. Pupion
Enquête : entretien et questionnaire, H. Fenneteau
Inflation, désinflation, déflation, J.-F. Goux
Introduction générale à la gestion, F. Cocula
La communication de crise, T. Libaert
La communication externe de l'entreprise, M.-H. Westphalen
La communication interne de l'entreprise, N. d'Almeida, T. Libaert
La gestion de production, A. Gratacap
La gestion des ressources humaines, L. Cadin, F. Guérin
La grande crise 1929-1939, F. Cochet
La monnaie, S. Brana, M. Cazals
La pensée économique classique 1776-1870, J.-T. Ravix
La pensée économique contemporaine, B. Bernier
La pensée économique de Keynes, F. Poulon
La pensée économique néoclassique, H. Defalvard
La politique économique conjoncturelle, P. d'Arvisenet
La protection sociale, P. Batifoulier, V. Touzé
La publicité, D. Caumont
Le dollar, M. Dupuy
Le leadership américain, É. Crémieu
L'euro, P. Kauffmann
Les études de marché, D. Caumont
Les NPI asiatiques, J.-F. Dufour
Les marchés financiers internationaux, A. Scannavino
Les modèles appliqués de la macroéconomie, A. Épaulard
Les nouvelles approches de la croissance et du cycle, É. Bosserelle
Les stratégies de l'entreprise, F. Leroy
Les transformations économiques en Europe de l'Est depuis 1989, É. Magnin
Mutations économiques et sociales en France depuis 1973, C. Euzéby
Théorie des organisations, J.-M. Plane

046420 - (I) - (3) - OSB 80° - PPC - MPN
Imprimé en France par I.F.C. 18390 Saint-Germain-du-Puy
Dépôt légal : septembre 2002 - N° d'impression : 02/772